KB271546

비즈니스 한국어 문형

Biznes uchun Koreys tili.

비즈니스 한국어 문형

우즈베크어권 학습자를 위하여
O'zbek tilida so'zlashuvchi
talabalar uchun

곽부모 Bumo Kvak

역락

　　전 세계 여러 대학에서는 전공과정, 또는 교양과정으로 외국어로서의 비즈니스 한국어를 가르치고 있다. 국내에서 출판 되어 특수 목적으로 비즈니스 한국어를 배우는 학생들을 위한 교재를 제외하면 해외 대학에서 비즈니스 한국어를 배우는 현지 학생들을 위한 교재가 거의 없다는 사실에 한국어를 가르치는 교사이자 연구자로서 이 책을 구상하게 되었다.

　　이 책은 비즈니스 한국어 문형을 공부하기 위한 책으로 기초적인 한국어 의사소통 능력이 가능한 학생이 한국어를 바탕으로 비즈니스 업무와 한국기업의 직장문화를 이해할 수 있도록 구성하였다. 비즈니스 한국어에서의 대화는 상대와 목적에 따라 대화의 구성이 달라야 하는 것이 당연하다. 따라서 그 목적에 맞는 단어와 표현을 연습하고 보다 실용적으로 접근할 필요가 있다. 이에 비즈니스 상황에 맞는 다양한 문형 표현을 제시하고 한걸음 더 나아가 다양한 문장을 만들어내고 새로운 상황에서도 응용할 수 있도록 구성하였다.

　　국내에서도 마찬가지이지만 특히, 해외에서 한국어를 가르치는 것은 학습자의 동기, 태도, 학습 환경에 따라 영향을 크게 받게 된다. 다르게 말하면, 가르치는 데에 있어 힘든 요소들이 있고 발전하는 학습자들을 보기까지 생각보다 오랜 시간이 걸린다. 따라서 인내심을 가지고 노력하지 않으면 제대로 성과를 내기가 어렵다. 지금까지 소명감을 가지고 영리함보다는 뚝심으로, 이해와 타산보다는 신뢰로 학생들을 가르칠 수 있게 가르침과 응원을 아끼지 않으신 존경하는 스승님들, 그리고 국내와 해외 한국어 교육 현장에서 소명감을 가지고 같은 길을 걷고 있는 동료 선생님들, 20년 넘게 한국어를 가르치면서 보람과 행복을 느낄 수 있게 해준 여러 나라의 제자들, 거친 파도와 바람에도 늘 같은 배를 타고 여러 나라를 항해하고 있는 가족에게 고마운 마음을 전하고 싶다. 비즈니스 한국어를 공부하는 국내와 해외의 모든 학생들에게 도움이 될 수 있게 기꺼이 이 책을 출판해주신 역락출판사의 이대현 대표님과 오랜 친구이자 편집을 맡아준 이태곤 편집이사와 실제 작업을 책임진 안혜진 팀장에게 진심으로 감사의 마음을 전한다. 끝으로 이 책을 번역하는 데에 있어서 문장의 느낌이 현장에서 보다 실제성을 가질 수 있도록 도움을 준 아이누르와 탈리나에게 진심으로 고마움을 전한다. 그리고 우즈벡어로 세상에 나올 수 있게 초벌 번역을 도와준 무쉬타리에게도 고마움을 전한다. 한국어학, 국제경제학, 국제통상학 전문가로서의 그들의 한국기업에서의 경험과 오랫동안 한국인 직원들과 생활하면서 느끼고 경험한 직장 문화는 이 책이 한국회사에서 처음으로 근무하게 될 외국인들에게 직장인으로서 한 걸음 더 다가갈 수 있도록 해 줄 것이다.

Yozuvchi: Bumo Kvak

Biznes koreys tili ko'plab universitetlarda umumiy ta'lim yoki asosiy o'quv dasturining bir qismi sifatida o'qitiladi. Men uchun koreys tilidan dars beruvchi professor sifatida ushbu kitobni yozish g'oyasi xorijiy universitetlarda biznes koreys tilini o'rganayotgan xorijliklar uchun Koreyada nashr etilgan va biznes talabalari uchun mo'ljallangan maxsus ehtiyojlar uchun biznes koreys tili darsliklardan tashqari deyarli hech qanday darslik yo'qligini anglaganimdan keyin paydo bo'ldi.Ushbu kitobning maqsadi koreyscha biznes iboralarini o'rganish vositasi sifatida asosiy koreyscha muloqot ko'nikmalariga ega bo'lgan talabaga Koreya korporativ madaniyatini va Koreyada biznes yuritish usulini tushunishga yordam berishdir. Ishbilarmon koreys tilidagi nutq tuzilmalari har xil bo'lib, u kim bilan gaplashayotganiga va muloqotning maqsadiga bog'liq. Shu boisdan ham amaliy yondashish, xususan, muayyan vaziyatga mos keladigan lug'at va iboralardan foydalanish zarurati tug'iladi. Shunday qilib, kitob shunday tashkil etilganki, turli xil iboralar turli xil biznes vaziyatlariga mos ravishda taqdim etiladi, shunda talaba yangi ish sharoitida foydalanish uchun o'zining turli jumlalarini tuzib, uni bir qadam oldinga olib borishi mumkin.

Talabaning motivlari, xulq-atvori va o'rganish muhiti Koreyada bo'lgani kabi xorijiy mamlakatlarda ham koreys tilini o'rgatish uslubiga ta'sir qiladi. Boshqacha qilib aytadigan bo'lsak, o'qitishning turli xil murakkab jihatlari mavjud va talabalar o'z qobiliyatlarini qanday rivojlantirayotganini ko'rish uchun kutilganidan ko'ra ko'proq vaqt talab etiladi. O'zining haqiqiy da'vatini his etib, bor kuch-g'ayratini ayamay, o'z aql-zakovati bilan o'quvchilarga o'z manfaatini ko'zlab emas, balki matonat bilan o'rgatishda o'z aql-idrokini baham ko'rayotgan hurmatli ustozlarga o'z minnatdorchiligimni bildiraman. Shuningdek, koreys tilini o'rgatishdek oliy maqsad bilan bir yo'ldan borayotgan Koreyadagi va xorijdagi hamkasblarimga , qariyb 20 yildan ortiq vaqt davomida meni xursand qilgan va o'zimni koreys tilidan munosib o'qituvchi sifatida his etishimga yordam bergan turli mamlakatlardan kelgan talabalarimga va turli mamlakatlarga ko'chib olov va suvdan o'tadigan bir qayiqda doim yonimda bo'lgan oilamga ham rahmat aytmoqchiman. Bundan tashqari, Youkrack Publishing Company bosh direktori Li Daehyun va bosh muharrir va eski do'stim Li Taegonga yordamlari uchun chin dildan minnatdorchilik bildirmoqchiman. Shuningdek, koreys kompaniyalarida uzoq yillardan buyon koreys hamkasblari bilan ishlagan va muloqot qilib kelayotgan koreys tili mutaxassislari, xalqaro tijorat va savdo magistrlari Muxametov Aynur va Gayazova Talinaga katta rahmat aytmoqchiman. Mushtariyga esa bu kitob o'zbek tilida dunyoga chiqishi uchun qoralama tarjimada yordam bergani uchun rahmat aytaman. Ushbu kitob Koreyadagi va xorijdagi barcha ishbilarmon koreys talabalariga yordam beradi. Shuningdek, ushbu kitob koreys ishbilarmonlik madaniyatining o'ziga xos nuanslari bilan real misollar yordamida yozilgani ham foydali bo'ladi.

한국회사에서 비즈니스 한국어를 사용해야 할 때, 또는 업무 상황에 따라 필요한 한국어를 사용해야 할 때 이 책의 문형 표현들을 활용할 수 있다.

이 책에서 제시한 유용한 문형 표현을 연습하고 각 단원에서 강조한 문형 표현을 확인하기와 종합연습에서 제시된 어휘와 대화를 통해 연습하면 도움이 될 것이다. 그리고 문형 연습에서 제시 된 대화마다 중요 문형 표현들이 들어있어서 이들 문형 표현들을 대화를 통해 연습한다면 비즈니스 한국어 상황에서 필요한 표현들을 수월하게 활용할 수 있을 것이다. 또한 각 문형 표현마다 알아야 할 한 걸음 더(비즈니스 한국어 TIP)을 통해 한국기업의 직장문화를 이해하는 데에 도움이 되도록 하였다. 마지막으로 종합연습을 통하여 배운 내용을 스스로 점검하는 것을 잊지 말아야 하겠다.

Siz o'quv qo'llanmasini bob bo'yicha ishlashingiz yoki biznes sohangiz ehtiyojlariga qarab bo'limni tanlashingiz mumkin.

Blokni foydali iboralar bilan o'rganishdan boshlang. Nutq almashtirishdan amaliy foydalanish dialog amaliyotida keltirilgan, bu sizga ushbu iboralarni qanday ish sharoitida ishlatish mumkinligini osongina tushunishga yordam beradi. Taqdim etilgan nutq shakllari bilan tez-tez ishlatiladigan leksika qalin shriftda. Keyin 1-topshiriq va 2-topshiriqdagi lug'at va jumlalarni tarjima qilish mashqlarini sinab ko'ring. Va har bir blokda siz Koreya korporativ va biznes madaniyatini tushunishingizga yordam beradigan Step Up (Koreya biznes maslahati) ni ko'rasiz. Nihoyat, murakkab amaliyotda so'z birikmalarini va butun lug'atni mashq qilishni unutmang.

책의 각 과에 포함된 내용은 다음과 같다:

Siz ushbu kitobning har bir bobidan quyidagi tartibda foydalanishingiz mumkin:

- 핵심 문형 안내 Nutq almashinuvini tushuntirish;
- 문형 연습 Nutq almashtirish amaliyoti;
- 대화 연습 Dialog amaliyoti
- 한 걸음 더 (비즈니스 한국어 TIP) Step Up (Koreya biznes maslahati)
- 확인하기 1 (단어) Topshiriq 1 (Leksika)
- 확인하기 2 (문장) Topshiriq 2 (Gap)
- 종합연습 (대화) Murakkab amaliyot (dialog)

Ish izlash 직업 찾기

○ ○ ○

채용 정보와 근무 조건 확인하기
Ishga yollash to'g'risidagi ma'lumotlar va ish sharoitlari

01. 제 이름은 ~입니다. / Mening ismim ~.

02. ~을/를 전공했습니다. / ~da ~ mutaxassisligini tugatganman.

03. ~에서 일한 적이 있습니다. / Men ~ da malaka oshirganman.

04. ~에서 일하고 싶습니다. / Men ~ da ishlashni xohlayman.

05. ~에 대해 질문해도 될까요? / ~ haqida so'rasam bo'ladimi?

01

제 이름은 ~입니다.

O'zingizni tanishtirish uchun nutq
(Koreyslar o'zlarini tanishtirish uchun odatda ism va familiyalarini birga aytadilar.)

Nutq amaliyoti

제 이름은 김영수입니다. │ Mening ismim Kim Yonsu.
제 이름은 시모나입니다. │ Mening ismim Simona.
제 이름은 테레자입니다. │ Mening ismim Tereza.
제 이름은 라지즈입니다. │ Mening ismim Laziz.
제 이름은 탈리나입니다. │ Mening ismim Talina.

Dialog amaliyoti

A: 만나서 반갑습니다. 제 이름은 김영미입니다. │
  Siz bilan tanishganimdan xursandman. Mening ismim Kim Yongmi.

B: 제 이름은 마틴입니다. 만나서 반갑습니다. │
  Mening ismim Martin. Tanishganimdan xursandman.

A: 앞으로 잘 부탁드리겠습니다. │ Men samarali hamkorlikni so'rayman.

B: 네, 저도 잘 부탁드립니다. │ Men ham shunday umid qilaman.

Bir qadam oldinga

한국 회사에서는 보통 직위(Job title)를 붙여서 호칭을 사용한다. ≪김 과장님≫, ≪김영미 과장님≫, ≪과장님≫ 등으로 호칭을 사용하고 ≪이름+직함≫은 사용하지 않는다. 예를 들면, ≪김 과장님≫은 사용할 수 있지만 ≪영미 과장님≫이라고 사용해서는 안 된다.

Koreya kompaniyalarida familiya yoki to'liq ismga lavozini (직위, 직함) qo'shish orqali bir-birlariga murojaat qilish odat tusiga kirgan yoki bir-birlariga faqat lavozim bo'yicha murojaat qilishadi, masalan, quyidagi ko'rinishlarda(호칭): "김 과장님" ("Menejer Kim"), "김영미 과장님" ("Menejer Yongmi Kim"), "과장님" ("Menejer"). Boshqa odamni ≪Ism + lavozim≫ bilan chairish mumkin emas: ≪영미 과장님≫ (≪Menejer Yongmi≫), ≪김 과장님≫ (≪Menejer Kim≫) deyish esa to'g'ri.

~에서 ~을/를 전공했습니다

Universitetni qaysi mutaxassislik bo'yicha tamomlaganingiz haqidagi nutq almashinuvi.

Nutq amaliyoti

저는 러시아대학교에서 한국어학을 전공했습니다.
Rossiya universitetidagi mutaxassisligim koreys tilshunosligi edi.

저는 체코대학교에서 비즈니스 한국어학을 전공했습니다.
Chexiya universitetidagi mutaxassisligim biznes koreys tili edi.

저는 필리핀대학교에서 한국 역사를 전공했습니다.
Filippin universitetidagi mutaxassisligim Koreya tarixi edi.

저는 한국대학교에서 한국어문학을 전공했습니다.
Koreys universitetidagi mutaxassisligim koreys adabiyoti edi.

저는 우즈베키스탄대학교에서 한국어교육학을 전공했습니다.
O'zbekiston universitetidagi mutaxassisligim koreys tili ta'limi yo'nalishi edi.

Dialog amaliyoti

A: 박 대리님, 만나서 반갑습니다.
  Menejer yordamchisi Park, tanishganimdan xursandman.

B: 모니카 씨, 저도 반갑습니다.
  Miss Monika, siz bilan tanishganimdan xursandman.

A: 박 대리님과 같은 부서에서 일하게 되어 기쁘게 생각합니다.
  Siz bilan bitta bo'limda ishlayotganimdan xursandman.

B: 아, 그래요. 모니카 씨는 대학에서 무엇을 전공했습니까?
  Oh, men ham. Universitetdagi mutaxassisligingiz nima edi?

A: 네, 저는 체코대학교에서 비즈니스 한국어학을 전공했습니다.
Chexiya universitetidagi mutaxassisligim biznes koreys tili edi.

Bir qadam oldinga

해외 대학교에서 한국어를 배울 때에 단일전공 프로그램이 없어서 부전공이나 복수전공으로 한국어를 배우는 경우가 많다. 이런 경우에는 ≪제 전공은 경제학이고 부전공으로 한국어학을 공부했습니다≫. ≪저는 국제관계학과(Department of International Relationship)에서 한국어학(Korean Studies)을 복수전공했습니다.≫ 라고 표현할 수 있다. 경제학(Economics), 경영학(Business Administration), 사회학(Sociology), 컴퓨터공학(Computer Engineering), 기계공학(Mechanical Engineering), 철학(Philosophy), 법학(Law), 영어영문학(English language and Literature), 수학(Mathematics), 전자공학(Electronic Engineering) 등의 전공을 한국어로 알고 있으면 유용하다.

Chet el universitetlarida koreys tilini o'rganishda yagona asosiy dasturlar (단일전공) mavjud emas, shuning uchun talabalar koreys tilini 2chi til (부전공) yoki qo'shimcha mutaxassislik (복수전공) sifatida o'rganadigan holatlar ko'p. Bunday holatlarda: ≪제 전공은 경제학이고 부전공으로 한국어학을 공부했습니다.≫ / ≪Mening asosiy mutaxassisligim iqtisod, qo'shimcha mutaxassisligim- koreys tili tilshunosligi≫, ≪저는 국제관계학과 (Xalqaro aloqalar bo'limi)에서 한국어학 (Koreys tilshunosligi)을 복수전공했습니다.≫ / ≪Xalqaro munosabatlar fakultetidagi ikkinchi mutaxassisligim koreys tilshunosligi≫. Koreys tilidagi quyidagi yo'nalishlarni eslab qolish foydali bo'ladi : 경제학 (iqtisodiyot), 경영학 (Biznes boshqaruvi), 사회학(sotsiologiya), 컴퓨터 공학 (Kompyuter muhandisligi), 기계 공학 (Mashinasozlik), 철학 (Falsafa), 법학 (huquq), 영어 영문학 (Ingliz tili va adabiyoti), 수학 (Matematika), 전자 공학 (Elektr muhandisligi).

~에서 일한 적이 있습니다.

Ish tajribangiz haqidagi nutq almashinuvi.

Nutq amaliyoti

저는 한국자동차회사에서 일한 적이 있습니다.
Koreya avtomobil kompaniyasida tajribam bor.

저는 한국대사관에서 일한 적이 있습니다.
Koreya elchixonasida tajribam bor.

저는 체코에 있는 한국회사 지점에서 일한 적이 있습니다.
Men Koreya kompaniyasining Chexiya filialida tajribaga egaman.

저는 한국무역회사에서 일한 적이 있습니다.
Men Koreya savdo kompaniyasida tajribaga egaman.

저는 한국문화원에서 일한 적이 있습니다.
Koreys madaniyat markazida tajribam bor.

Dialog amaliyoti

A: 한국회사에서 일한 경험이 있습니까?
　 Koreya kompaniyasida ishlash tajribangiz bormi?

B: 네, 한국회사에서 인턴으로 일한 적이 있습니다.
　 Ha, men Koreya kompaniyasida stajyor sifatida tajribaga egaman.

A: 얼마동안 일을 했습니까? │ Qanchadan beri u yerda ishlagansiz?

B: 1년 동안 일한 경험이 있습니다. │ Ish tajribasi 1 yil.

A: 우리회사 제품을 사용한 적이 있습니까?
　 Kompaniyamiz mahsulotini sinab ko'rdingizmi?

B: 네, 제가 자주 사용하는 제품입니다. │ Ha, men uni juda tez-tez ishlataman.

Bir qadam oldinga

한국 대학에 재학 중이거나 어학연수 후에는 체류자격 외 활동 허가를 받아서 합법적으로 해외에서 아르바이트 일을 할 수 있다. 한국 정부에서는 매년 외국인 유학생 채용박람회를 개최하여 외국인 유학생의 한국 내 취업을 돕고 있으며, 외국인 유학생 취업 지원 홈페이지(http://jobfair.contactkorea.go.kr/)를 통해 자신의 이력서를 제출할 수 있고, 구인구직 정보를 확인하여 원하는 직장에도 지원이 가능하다. 그리고 해외에 있는 한국대사관을 통하여 워킹홀리데이(Working Holiday) 비자를 신청한 후에 한국에서 일을 할 수도 있다. 워킹홀리데이는 협정 체결 국가 청년(대체로 만 18~30세)들에게 상대 국가에서 체류하면서 관광, 취업, 어학연수 등을 병행하며 현지의 문화와 생활을 경험할 수 있는 제도로 현재 체코, 캐나다, 스페인, 호주 등 23개 국가(http://whic.mofa.go.kr/)와 협정을 체결하였다.

O'qish paytida (재학) universitetda yoki til kursini tugatgandan keyin (어학연수), qonun bilan (합법적으로) vaqtinchalik yashash huquqiga qo'shimcha ravishda immigratsiya xizmatidan maxsus ruxsat olgandan keyin yarim kunlik ishlash mumkin (체류자격). Koreya hukumati har yili xalqaro talabalar uchun bo'sh ish o'rinlari yarmarkasini o'tkazadi (채용 박람회) bu ularga Koreyada ish topishga yordam beradi (취업을 돕다). Siz rezyumeni (이력서를 제출하다) mehnat yarmarkasining rasmiy veb-saytida tayyorlashingiz mumkin (http://jobfair.contactkorea.go.kr/), va barcha ish e'lonlarini (구인구직 정보) tekshirgandan so'ng o'zingiz yoqtirganiga murojaat qilishingiz mumkin. Koreyaning xorijdagi elchixonalarida "Ish ta'tili" vizasini olgandan keyin ham Koreyada ishlash mumkin. Ushbu viza tegishli shartnomani imzolagan 23 davlat (협정 체결 국가) fuqarolari bo'lgan yoshlar (asosan 18 yoshdan 30 yoshgacha) uchun amal qiladi: Chexiya, Kanada, Ispaniya, Avstraliya va boshqalar. (http://whic.mofa.go.kr/). Dam olish vizasi egalari sayohat qilish va koreys tilini o'rganish bilan birga koreys turmush tarzi va madaniyati bilan tanishishlari mumkin.

~에서 일하고 싶습니다.

O'z xohishingizni ifodalash uchun nutq.

Nutq amaliyoti

저는 인사부(팀)에서 일하고 싶습니다. | Men kadrlar bo'limida ishlamoqchiman.

저는 총무부에서 일하고 싶습니다. | Men ma'muriy bo'limda ishlamoqchiman.

저는 제품개발부에서 일하고 싶습니다. |
Men mahsulotni ishlab chiqish bo'limida ishlamoqchiman.

저는 영업부에서 일하고 싶습니다. | Men savdo bo'limida ishlamoqchiman.

저는 홍보부에서 일하고 싶습니다. |
Men jamoatchilik bilan aloqalar bo'limida ishlamoqchiman.

Dialog amaliyoti

A: 어떤 부서에서 일을 하고 싶습니까? | Qaysi bo'limda ishlashni xohlaysiz?

B: 저는 한국회사에서 관리 업무 보조를 한 적이 있습니다. |
Men Koreya kompaniyasida ma'muriy yordamchi sifatida tajribaga egaman.

A: 그럼, 총무부에 지원하는 것이 어떻습니까? |
Xo'sh, ma'muriy bo'limda ishlash haqida nima deysiz?

B: 네, 저는 동료들과 소통하는 것을 좋아해서 총무부에서 일하고 싶습니다. |
Ha, men hamkasblarim bilan muloqot qilishni yaxshi ko'raman, shuning uchun men
ma'muriy bo'limda ishlashni xohlayman.

Bir qadam oldinga

한국의 큰 회사는 보통 한국에 본사를 두고 해외에는 지사, 사업소, 영업소, 공장 등을 만들어 운영을 한다. 한국회사의 부서(팀) 명칭을 보면, 인사부, 총무부, 경영지원부, 재경부, 영업부, 고객지원부, 연구개발부, 생산관리부, 해외사업부, 홍보부 등으로 구성되어 있다.

Koreya kompaniyalari odatda Koreyada oʻz shtab-kvartiralariga (본사) ega boʻlib, chet elda filiallari (지사), biznes ofislari (사업소) savdo boʻlimlari (영업소) va fabrikalar (공장) tashkil etadi va ishlaydi (운영하다). Koreya kompaniyalaridagi aksariyat boʻlimlar: kadrlar boʻlimi (인사부), boshqaruv (총무부), boshqaruvni qoʻllab-quvvatlash (경영 경영), Moliya (재경부), sotish (영업부), mijozlarni qoʻllab-quvvatlash (고객지원부), Tadqiqot va ishlanma (연구개발부), Ishlab chiqarishni boshqarish (생산관리부), chet elda sotish (해외사업부), jamoat bilan aloqa (홍보부) va boshqalar.

~에 대해 질문해도 될까요?

Kerakli ma'lumotlarni so'rash uchun nutq aylanishi.

Nutq amaliyoti

회사 연봉에 대해 질문해도 될까요?
Kompaniyadagi ish haqi haqida so'rasam bo'ladimi?

회사 복지에 대해 여쭤봐도 될까요?
Kompaniyaning ijtimoiy paketi haqida so'rasam bo'ladimi?

회사 휴가제도에 대해 질문해도 될까요?
Kompaniyaning ta'til siyosati haqida so'rasam bo'ladimi?

회사 직원 혜택에 대해 여쭤봐도 될까요?
Kompaniyadagi xodimlarning imtiyozlari haqida so'rasam bo'ladimi?

Dialog amaliyoti

A: 일주일에 근무시간은 어떻게 됩니까? | Haftada qancha ish soati?

B: 네, 우리회사는 주 34시간 근무제를 하고 있습니다. |
   Kompaniyamiz 34 soatlik ish haftasida ishlaydi.

A: 직원 혜택에 대해 질문해도 될까요? |
   Xodimlarning nafaqalari haqida so'rasam bo'ladimi?

B: 매달 급여일에 맞추어 직원 복지비를 지급합니다.
   그리고 매년 1회 항공료와 숙박비 등 직원들의 해외 여행비를 지원하고 있습니다. |
   Ijtimoiy nafaqalar har oy is h kunida to'lanadi. Shuningdek, kompaniyamiz yiliga bir
   marta aviachipta va turar joy, shuningdek, xodimlarning boshqa xarajatlarini to'laydi.

~ haqida so'rasam bo'ladimi?

A: 회사 휴가제도에 대해 알고 싶습니다. |
   Men kompaniyaning dam olish tizimi haqida bilmoqchiman.

B: 1년 근속할 때마다 2주간의 유급 휴가를 지원하고 있습니다. |
   Har bir doimiy ish yilida 2 haftalik haq to'lanadigan ta'til beriladi.

 **Bir qadam oldinga**

유럽에 있는 H한국회사에서는 직원들을 위해 다양한 복지 혜택을 지원하고 있다. 1일 8시간 근무를 원칙으로 하고 있으며 일부 부서의 시범 적용을 시작으로 전 직원을 대상으로 주 4일제 근무를 시행하게 되었습니다. 그리고 회사 입사 후에 2년 근속을 하게 되면 급여 외 3000유로를 별도 지급하기도 한다. 휴식 공간 역시 모든 직원들이 편하게 일을 할 수 있도록 시설이 잘 갖추어져 있다. 예를 들면, 업무 시간 외, 또는 점심시간에 헬스장을 사용할 수 있다.

Evropadagi H Koreya kompaniyasi o'z xodimlari uchun turli xil ijtimoiy imtiyozlarni (복지 혜택) qo'llab-quvvatlaydi. Asosan (원칙으로) kuniga 8 soat ishlashdan iborat bo'lib, ba'zi bo'limlarda tajriba dasturidan (시범 적용) boshlab, barcha xodimlar haftasiga 4 kun (주 4일제) ishlashlari rejalashtirilgan. Ish haqiga qo'shimcha ravishda kompaniyaga kelganidan keyin ikki yil to'xtovsiz ishlagan (근속하다) xodimlar uchun 3000 yevro (별도 지급하다) alohida to'lanadi. Dam olish joylari ham barcha xodimlarning bemalol ishlashi uchun yaxshi jihozlangan (시설). Masalan, siz sport zalidan ish vaqtidan tashqari (업무 시간 외) yoki tushlik tanaffus vaqtida foydalanishingiz mumkin.

1과에서 배운 중요 단어 확인하기 (1-bo'limdan asosiy lug'atni tekshirish)

Quyidagi so'zlarning to'g'ri ma'nosini yozing.

1. 전공
2. 본사
4. 인사부(팀)
5. 총무부
6. 연봉
7. 복지
8. 급여
9. 근무 시간
10. 지원

Bir xil ma'noga ega so'zlarni tanlang.

1. Filial
2. Imtiyozlar ｜ imtiyozlar
3. Chet elda sotish bo'limi
4. Savdo kompaniyasi
5. Ma'muriyat
6. Madaniyat markazi
7. Yashash narxi
8. Aviachipta narxi
9. Doimiy bandlik
10. Pullik

- 무역회사
- 문화원
- 혜택
- 항공료
- 숙박비
- 근속
- 유급
- 지사
- 해외사업부
- 관리

1과에서 배운 중요 문형 표현을 문장으로 쓰고 말하기
(1-bo limda o'rganilgan iboralar yordamida gaplarni tarjima qiling.)

📝 Nutq aylanadi

1. Mening ismim Laziz.

---

2. P universitetidagi mutaxassisligim koreys tilshunosligi edi.

---

3. Universitetdagi mutaxassisligingiz nima edi?

---

4. Siz Koreya kompaniyasida ishlaganmisiz?

---

5. Siz qancha vaqtdan beri ishlagansiz?

---

6. Men ma'muriy bo'limda ishlamoqchiman.

---

7. Xodimlarning nafaqalari haqida so'rasam bo'ladimi?

---

8. Men kompaniyaning dam olish siyosati haqida bilmoqchiman.

---

9. Agar yordam kerak bo'lsa, menga xabar bering.

---

10. Kompaniyaning ish vaqti haqida so'rasam bo'ladimi?

Integratsiyalashgan amaliyot (종합 연습)

Bo'sh ish o'rinlarini joylashtirish bo'yicha kompaniya bilan so'rovlar o'tkazish.

Qavs ichida tegishli iborani yozing

회사: 안녕하세요? H회사입니다.

학생: 안녕하세요? 문의할 게 있어서 전화드렸습니다.

　　　제 1. (　　　　　　　　　　). 이번에 2. (　　　　　　　　).

회사: 지원한 3. (　　　　　　　).

학생: 제가 지원한 부서는 인사부입니다. 4. (　　　　　　　)?

회사: 저희 회사는 주 40시간 근무를 하고 있습니다.

학생: 네, 알겠습니다. 5. (　　　　　　　)?

회사: 네, 말씀하세요.

학생: 직원들을 위한 셔틀버스가 있습니까?

회사: 회사 셔틀버스는 없습니다.

　　　하지만 숙소가 필요한 직원에게 회사 기숙사를 지원합니다.

학생: 네, 알겠습니다. 6. (　　　　　　　)

Ishora:

1. Mening ismim Lenar.
2. Men H kompaniyasiga murojaat qildim.
3. Siz murojaat qilgan bo'limni ayting.
4. Kompaniyaning ish vaqti haqida so'rasam maylimi?
5. Yana bitta savol bersam bo'ladimi?
6. Yaxshi tushuntirishingiz uchun tashakkur.

Ish uchun intervyu 면접

자기 소개하고 면접 질문에 대답하기

O'zingiz haqingizda taqdimot va savollarga javoblar O'zingiz
haqingizda taqdimot va savollarga javoblar

01. ~에 지원한 ~입니다. / Men ~ bo'sh ish o'rni uchun ariza topshirgan ~.

02. ~에 대해 말씀드리고 싶습니다. /
Men sizga ~ haqida aytib bermoqchiman.

03. ~이/가 되고 싶습니다. / Men ~ bo'lishni xohlayman.

04. 가장 큰 장점은 ~입니다. / Mening eng kuchli nuqtam ~.

05. 제 목표는 ~입니다. / Mening maqsadim ~.

06. ~에서 일할 수 있는 기회가 주어진다면 최선을 다하겠습니다.
Men ~da ishlash imkoniyatiga ega bo'lishim bilan qo'limdan
kelganicha harakat qilaman.

~에 지원한 ~입니다.

O'zingiz va siz ishga kiradigan bo'lim haqida hikoya qilish uchun nutq almashinuvi.

 **Nutq amaliyoti**

저는 인사부에 지원한 김영수입니다.
Men kadrlar bo'limiga ishga joylashgan Kim Yonsuman.

저는 총무부에 지원한 시모나입니다.
Men kadrlar bo'limiga ishga joylashgan Simonman.

저는 홍보부에 지원한 테레자입니다.
Men jamoatchilik bilan aloqalar bo'limiga ishga kirgan Terezaman.

저는 영업부에 지원한 라지즈입니다. │ Men savdo bo'limiga ishga kiruvchi Lazizman.

저는 연구개발부에 지원한 탈리나입니다.
Men tadqiqot va ishlanmalar bo'limiga ishga kirgan Talinaman.

 **Dialog amaliyoti**

A: 자기 소개를 간단하게 해 보세요. │ Iltimos, o'zingiz haqingizda qisqacha gapirib bering.

B: 네, 저는 영업부에 지원한 라지즈입니다. │ Mayli, men Rozizman, u savdoga ishga kiradi.

A: 왜 영업부에 지원했습니까? │ Nega savdo sohasida ishlashni xohlaysiz?

B: 네, 저는 성격이 활발하고 사무실보다 밖에서 근무하는 것을 좋아합니다. │
Men faol odamman va bino ichida emas , balki ofisdan tashqarida ishlashni yaxshi ko'raman.

Bir qadam oldinga

한국회사에서 중요하게 생각하는 것은 부서원들 각자에게 주어진 역할이나 책임을 완수해 내는 능력뿐만 아니라 같이 일하는 동료들과의 원만한 인간 관계도 중요하게 생각한다. 그렇다면, 둘 중에 어느 쪽이 회사의 발전을 위하여 도움이 될 수 있을까? 역할과 책임을 다하는 능력일까? 아니면 진실되고 거짓 없이 동료들을 대하는 인간적인 면일까? 한국회사에서 잘 적응하고 성장하기 위해서는 본인이 맡은 직책뿐만 아니라 부서원들 사이의 관계나 인간적인 면도 중요하게 생각해야 할 것이다.

Koreya kompaniyalarida muhim bo'lgan narsa nafaqat bo'limning har bir a'zosiga yuklangan rol (역할) yoki mas'uliyatni (책임) bajarish qobiliyati (능력) emas, balki hamkasblar bilan yaxshi insoniy munosabatlardir (원만한 인간 관계). Agar shunday bo'lsa, ikkalasidan qaysi biri kompaniya rivojlanishi (발전) uchun foydali bo'lishi mumkin? Rol va mas'uliyatni bajarish qobiliyatimi? Yoki o'rtoqlarga nisbatan rostgo'y (진실하게) va beg'araz bo'lishning insoniy tomonimi (인간적인 면)? Koreya kompaniyasiga moslashish (적응하다) va yaxshi rivojlanish (성장하다) uchun siz nafaqat o'z pozitsiyangizni, balki bo'lim a'zolari o'rtasidagi munosabatlarni va insoniy jihatlarni ham hisobga olishingiz kerak.

Suhbat davomida ma'lum bir mavzu bo'yicha gapirish uchun nutq almashinuvi.

Nutq amaliyoti

경력에 대해(대하여) 말씀드리고 싶습니다.
Men sizga ish tajribam haqida gapirib bermoqchiman.

전공에 대해 말씀드리고 싶습니다.
Men sizga o'z mutaxassisligim haqida gapirib bermoqchiman.

해외에서의 경험에 대해 말씀드리고 싶습니다.
Xorijiy tajribam haqida gapirib bermoqchiman.

저희 회사 제품에 대해 말씀드리고 싶습니다.
Sizga kompaniyamiz mahsuloti haqida gapirib bermoqchiman.

자신의 장점과 단점에 대해 말씀드리고 싶습니다.
Men sizga kuchli va zaif tomonlarim haqida gapirib bermoqchiman.

Dialog amaliyoti

A: 직무와 관련하여 저의 경험에 대해 말씀드리고 싶습니다.
  Men sizga o'z vazifalarim bilan bog'liq tajribam haqida gapirib bermoqchiman.
  저는 한국회사 인사부에서 3개월 동안 인턴십을 하고 성실하게 근무하였습니다.
  Koreya kompaniyasining kadrlar bo'limida 3 oylik amaliyot davomida qattiq ishladim.

B: 인사부에서 어떤 일을 했습니까? | HR sohasida qanday ish qildingiz?

A: 한국인 인사부 부장님의 업무 지시를 러시아 직원들에게 전달했습니다.
  그리고 주로 번역 일을 했습니다.
  Men Koreyalik xodimlar bo'yicha bosh menejerning ish ko'rsatmalarini rossiyalik

xodimlarga topshirdim. Va asosan tarjimonlik ishlari bilan shug'ullanganman.

Bir qadam oldinga

해외 법인 한국기업의 직원 구성은 보통 ≪주재원≫, ≪현지 직원(외국인)≫, ≪현지 채용 한국인 직원(현채 한국인이라고도 부름)≫, ≪본사 직원≫ 등으로 되어 있다. 일반적인 해외 법인 한국기업의 구조는 한국인이 법인장이고, 부서에서 의사 결정권을 가진 과장급 이상 의 주재원이 있다. 그리고 실무에서는 현지 외국인 직원과 현지 채용 한국인 직원으로 구 성되어 있다. 한국어와 영어를 잘 구사할 수 있는 경우에는 중간 관리자의 위치에서 주재 원과 현지 직원의 소통 및 생산 라인에서의 문제를 원활하게 풀 수 있도록 지원해 주는 역 할을 하는 경우가 많다.

Koreya korporatsiyasining xorijdagi filialida odatda quyidagi turdagi xodimlar mavjud: chet ellik (주재원), mahalliy xodim (chet ellik) (현지 직원 (외국인)), mahalliy koreyalik xodim, (현지 채용 한국인 직원 yoki 현채 한국인) Bosh ofis xodimi (본사 직원). Oddiy tashkilot Koreya filiali direktoridan, bo'limda qaror qabul qilish huquqiga ega bo'lgan menejerdan yuqori lavozimga (의사 결정권) ega bo'lgan chet ellik xodimlardan va mahalliy koreyalik xodimlardan iborat bo'ladi. Koreys va ingliz tillarini biluvchi hodimlar ko'pincha ishlab chiqarish liniyasidagi muammolarni muammosiz hal qilishda va mahalliy va xorijiy xodimlar o'rtasidagi aloqada (소통) boshqaruvchi vositachi (중간 관리자) sifatida rol (역할) o'ynaydi.

~이/가 되고 싶습니다.

Rejalaringiz haqidagi nutq aylanmasi.

Nutq amaliyoti

관리자가 되고 싶습니다. │ Men administrator bo'lmoqchiman.

부서를 책임지는 부서장이 되고 싶습니다. │
Men bo'lim boshlig'i bo'lishni xohlayman [bo'limni boshqaradigan].

제가 희망하는 부서에서 리더가 되고 싶습니다. │
Men bo'lim boshlig'i bo'lmoqchiman.

팀장이 되고 싶습니다. │ Men jamoa rahbari bo'lishni xohlayman.

회사에서 중요한 책임을 맡을 수 있는 사람이 되고 싶습니다. │
Men kompaniyadagi asosiy mas'uliyatni o'z zimmasiga oladigan inson bo'lishni xohlayman.

Dialog amaliyoti

A: 당신은 10년 후에 우리회사에서 어떤 모습이겠습니까? │
   10 yildan keyin kompaniyamizda kim bo'lishni xohlaysiz? │

B: 네, 저는 해외지사의 지사장이 되고 싶습니다. │
   Men xorijdagi filial boshlig'i bo'lmoqchiman.

A: 그러면, 많은 책임이 요구될 텐데요? │
   Demak, bu sizdan ko'p mas'uliyat talab qilinishini anglatadi, to'g'rimi?

B: 저는 회사에서 책임을 가지고 성장하는 직원이 되고 싶습니다. │
   Men kompaniyada o'sadigan va mas'uliyatni o'z zimmasiga oladigan xodim bo'lishni
   xohlayman.

Men ~ bo'lishni xohlayman.

Bir qadam oldinga

일반적으로 한국회사는 회사의 규모에 따라 직급과 직책이 다르다. 직급은 회사 내에서의 직위를 말하는 것이고, 직책은 업무 상의 책임이나 담당하는 임무를 의미하는 것이다. 회사의 직급 순서는 직원과 임원으로 나눌 수 있다. 직원은 사원→대리→과장→차장→부장(직책: 팀장→실장→본부장) 등으로 순서가 되어 있다. 임원은 이사→상무→전무→부사장→사장→부회장→회장 등으로 순서가 되어 있다. 보통 한국회사 해외법인의 대표는 ≪이사≫ 이상의 직위의 임원이 된다.

Odatda, kompaniyaning kattaligiga qarab (규모), Koreya kompaniyasida lavozimlar (직급) va unvonlar (직책) farqlanadi. Lavozim kompaniyadagi martabani, unvon esa tayinlangan vazifalarni yoki ishni anglatadi. Lavozimlarni ishchi darajadagi xodimlar (직원) va boshqaruv darajasidagi xodimlarga (임원) bo'lish mumkin. Ishchi darajadagi xodimlarning ierarxiyasi o'sish tartibida quyidagicha ko'rsatilgan: yordamchi (사원) → menejer yordamchi (대리) → menejer (과장) → katta menejer (차장) → bosh menejer (부장), unvon: guruh rahbari (팀장) → bo'lim boshqaruvchi (실장) → bo'lim boshlig'i (본부장). Boshqaruv darajasidagi xodimlar lavozimlari quyidagicha tartibga solinadi: direktor (이사) → vitse-prezident (상무) → katta vitse-prezident (전무) → ijrochi vitse-prezident (부사장)→ bosh direktor (사장) → rais o'rinbosari (부회장) → rais (회장). Odatda, direktordan yuqori lavozimga ega bo'lgan boshqaruv darajasidagi xodimlar Koreya korporatsiyasining xorijdagi sho"ba korxonasining vakillari bo'lishadi.

가장 큰 장점은 ~입니다.

O'zingizning kuchli tomonlaringiz haqida gapirish uchun nutq.

Nutq amaliyoti

저의 가장 큰 장점은 긍정적인 성격입니다. │ Mening eng kuchli tomonim optimistlikdir.

저의 장점은 원만한 대인관계입니다. │
Mening eng kuchli tomonim do'stona shaxslararo munosabatlardir.

저의 장점은 성실함입니다. │ Mening eng kuchli tomonim halollikdir.

저의 가장 큰 장점은 집중력입니다. │ Mening eng kuchli nuqtam - konsentratsiya..

저의 가장 큰 장점은 좋은 성격입니다. │ Mening eng kuchli tomonim - bu yaxshi xarakter.

Dialog amaliyoti

A: 본인의 장점에 대해 말해 보세요. │
　　Iltimos, kuchli tomonlaringiz haqida bizga malumot bering.

B: 네, 저의 가장 큰 장점은 긍정적인 성격입니다. │
　　Mening eng kuchli tomonim optimistlikdir.

A: 스트레스가 많거나 힘든 상황에서도 긍정적입니까? │
　　Siz qiyin yoki stressli vaziyatlarda optimistmisiz?

B: 네, 저는 어떤 상황에서도 긍정적으로 생각하는 편입니다. │
　　Ha, men odatda har qanday vaziyatda optimistman.

Bir qadam oldinga

회사생활을 하면서 가장 힘들어하는 것은 무엇일까요? 대부분의 회사원들은 이렇게 이야기할 것이다. ≪일이 힘든 것이 아니라 사람과의 관계가 힘들다.≫ 일이 자기의 적성과 잘 맞아도 같이 일하는 사람이 불편할 경우에는 그 일이 힘들게 느껴진다. 부서나 팀에 좋아하는 동료만 있는 것이 아니기 때문에 항상 좋은 관계를 유지하기 위해 노력해야 한다. 예를 들면, 같이 근무하는 부서의 상사, 동료, 후배와 이야기할 때 주의 깊게 듣고 상대방의 입장을 이해하는 마음을 키워야 한다. 그리고 어려운 일이 생기면 혼자서 걱정하지 말고 동료나 상사에게 먼저 다가가 도움을 요청하는 것도 좋은 관계를 만드는 데에 도움일 될 것이다.

Ofis hayotidagi eng qiyin narsa nima? Ko'p xodimlar shunday javob berishadi: ≪Bu qiyin ish emas, balki boshqa odamlar bilan munosabatlardir (관계)≫. Ish qobiliyatga (적성) mos kelsa ham, hamkasblar bilan ishlash noqulay (불편하다) bo'lsa, ish qiyinlashadi. Bo'lim yoki jamoadagi barcha hamkasblarni (동료) mamnun qilish odatda imkonsiz bo'lganligi sababli, shaxs har doim yaxshi munosabatlarni saqlab qolish uchun harakat qilishi kerak. Masalan, odam kattalar (상사), hamkasblar (동료) va kichiklarning (후배) fikrini diqqat bilan tinglashi va raqibning (상대방) pozitsiyasini tushunish odatini shakllantirishi kerak. Bundan tashqari, qiyin vaziyatda yolg'iz tashvishlanish o'rniga, yordam so'rash uchun kattalar yoki hamkasbga murojaat qilish yaxshi munosabatlarni o'rnatishga yordam beradi.

Kelajakda nimaga erishmoqchi ekanligingizni aytib berish uchun nutq.

 **Nutq amaliyoti**

제 목표는 회사가 성장하는 데에 도움이 되는 것입니다.
Mening maqsadim kompaniya rivojlanishiga yordam berishdir.

제 목표는 이 분야에서 전문가가 되는 것입니다.
Maqsadim shu sohaning mutaxassisi bo'lish.

제 목표는 이 분야에서 실력을 쌓는 것입니다. │ Maqsadim - bu sohada tajriba to'plash.

제 목표는 한국에서 오래 근무하는 것입니다.
Maqsadim uzoq yillar Koreyada ishlash.

 **Dialog amaliyoti**

A: 앞으로 어떤 계획이 있습니까? │ Kelajak uchun qanday rejalaringiz bor?

B: 실력을 쌓아서 빨리 진급하고 싶습니다.
   Men ko'nikmalarni to'plashni va imkon qadar tezroq lavozimga ko'tarilishni xohlayman.

A: 그럼, 본인의 최종 목표는 무엇인가요? │ Xo'sh, sizning yakuniy maqsadingiz nima?

B: 한국의 좋은 제품을 세계에 알리는 전문가가 되는 것입니다.
   Yaxshi Koreya mahsulotlarini dunyoga tanitish bo'yicha mutaxassis bo'lish.

Bir qadam oldinga

회사마다 다르지만 일반적으로 승진 기간은 비슷하다. 사원에서 대리로 승진하기 위해서는 보통 4년의 기간이, 대리에서 과장으로 승진하기 위해서 4년의 기간이, 과장에서 차장으로 승진하기 위해서 5년의 기간이, 그리고 차장에서 부장으로 승진하기 위해서는 보통 5년의 기간이 필요하다. 하지만 요즘에는 맡은 직위에 따라, 그리고 성과에 따라 승진 기간이 더 짧아지거나 길어지는 경우가 많다. 따라서 과장에서 부장으로 승진하기 위해서 10년 이상의 승진 기간이 필요할 수도 있다.

Bu kompaniyadan kompaniyaga farq qilishi mumkin, lekin odatda kimdir ko'tarilishidan oldingi davr (so'zma-so'z: ko'tarilish davri (승진 기간), lekin ko'pincha o'xshash. Yordamchidan menejer yordamchisigacha bo'lgan davr odatda 4 yilni oladi, menejer yordamchisidan menejergacha: 4 yil, menejerdan katta menejergacha: 5 yil va katta menejerdan bosh menejergacha: 5 yil. Biroq, bu kunlarda, martaba (직위) yoki ishlash natijalariga (성과) qarab, muddat qisqartirilishi yoki uzaytirilishi mumkin. Shunday qilib, menejerdan bosh direktorga o'tish 10 yildan ortiq davom etishi mumkin.

~에서 일할 수 있는 기회가 주어진다면 최선을 다하겠습니다.

Sizning intilishlaringizni aniqlashtirish uchun nutq aylanishi.

Nutq amaliyoti

A회사에서 일할 수 있는 기회가 주어진다면 최선을 다하겠습니다.
Men A kompaniyasida ishlash imkoniyatini qo'lga kiritishim bilanoq qo'limdan kelganicha harakat qilaman.

B회사에서 일할 수 있다면 모든 노력을 다하겠습니다.
Agar men B kompaniyasida ishlaganimda qo'limdan kelganini qilgan bo'lardim.

C회사에서 일할 수 있다면 저의 모든 열정을 보여드리겠습니다.
Agar men C kompaniyasida ishlasam, butun ishtiyoqimni ko'rsataman.

D회사에서 일할 수 있는 기회를 주신다면 최선을 다해 일하겠습니다.
Men D kompaniyasida ishlash imkoniyatini qo'lga kiritishim bilanoq qo'limdan kelganicha harakat qilaman.

Dialog amaliyoti

A: 오늘 면접을 보느라고 고생하셨습니다. │ Siz intervyuda yaxshi harakat qildingiz.

B: 저에게 면접 기회를 주서서 고맙습니다.
   Menga intervyu berish imkoniyatini berganingiz uchun tashakkur.

C: 끝으로 하고 싶은 말이 있습니까? │ Oxirida nimadir demoqchimisiz?

D: 저에게 A회사에서 일할 수 있는 기회가 주어진다면 앞으로 최선을 다하겠습니다.
   "A" kompaniyasida ishlash imkoniga ega bo'lishim bilanoq, qo'limdan kelganicha harakat qilaman.

Bir qadam oldinda

한국기업과 비즈니스한국어학과 간의 학점 인정 인턴십 프로그램을 진행하면서 처음으로 인턴십 프로그램을 경험한 전공 학생이 한국회사에 대하여 느낀 점을 이야기했다. 현지 직원들은 회사 보다는 가족을 위한 시간과 개인을 위한 시간을 우선하지만 집에도 거의 들어가지 않고 일을 하는 한국 직원들의 모습을 보면서 한국 직원들은 회사를 최우선으로 생각하는 것으로 느꼈다고 한다. 한국인의 근면성이 한국기업의 빠른 성장에 밑거름이 되었지만 해외에서의 근무환경을 고려해 보면 외국 직원들이 이해하기 어려운 한국기업의 직장 문화 중에 하나일 것이다.

Biznes koreys tilini (비즈니스한국어학과) o'rganishga ixtisoslashgan (전공하다) va Koreya kompaniyasi va uning bo'limi o'rtasida birinchi marta tashkil etilgan amaliyot o'quv dasturini tamomlagan (경험하다) talaba Koreya kompaniyasi haqidagi taassurotlari bilan o'rtoqlashdi. Koreyalik xodimlarning shaxsiy (개인) va oilaviy vaqtlarini birinchi o'ringa qo'yib (우선하다), qattiq ishlashlari va kamdan-kam uyga qaytishlarini ko'rib, u koreys xodimlari kompaniyani birinchi o'ringa qo'yishini his qildi. Koreyaliklarning mehnatsevarligi va mehnatsevarligi koreys kompaniyalarining jadal rivojlanishining (성장) asosiy shartiga (밑거름) aylandi, ammo chet eldagi mehnat muhitini (근무) hisobga oladigan bo'lsak, bu chet ellik xodimlar uchun tushunish qiyin bo'lgan koreys mehnat madaniyatining (직장 문화) ba'zi xususiyatlari bo'lishi mumkin.

단어

2과에서 배운 중요 단어 확인하기 (2-bo'limdan asosiy lug'atni tekshirish)

✏️ Quyidagi so'zlarning to'g'ri ma'nosini yozing.

1. 지원 ____
2. 역할 ____
3. 책임 ____
4. 경력 ____
5. 제품 ____
6. 경험 ____
7. 장점 ____
8. 관리자 ____
9. 전문가 ____
10. 최선 ____

✏️ Bir xil ma'noga ega so'zlarni tanlang.

1. rag'batlantirish	• 기회
2. atmosfera	• 의견
3. maqsad	• 분위기
4. diqqat	• 기간
5. Bo'lim boshlig'i	• 승진(진급)
6. fikr	• 목표
7. davr	• 긍정적
8. zaiflik / kamchilik	• 집중력
9. imkoniyat / imkoniyat	• 부서장
10. optimistik	• 단점

2과에서 배운 중요 문형 표현을 문장으로 쓰고 말하기
(2-bo limda o'rganilgan iboralar yordamida gaplarni tarjima qiling.)

Nutq aylanadi

1. Men savdo bo'limiga ishga kiruvchi Lazizman.

2. Men bo'limga rahbarlik qilishni xohlayman.

3. Sizning yakuniy maqsadingiz nima?

4. Bizning bo'limda qanday ish qilishni xohlaysiz?

5. Men bo'limga mas'ul menejer bo'lishni xohlayman.

6. Mening eng kuchli tomonim optimistlikdir.

7. Maqsadim shu sohaning mutaxassisi bo'lish.

8. Kelajak uchun qanday rejalaringiz bor?

9. Menga intervyu berish imkoniyatini berganingiz uchun tashakkur.

10. "A" kompaniyasida ishlash imkoniga ega bo'lishim bilanoq, qo'limdan kelganicha
    harakat qilaman.

Integratsiyalashgan amaliyot (종합 연습)

Suhbat

📝 Qavs ichida tegishli iborani yozing.

지원자: 안녕하세요? 1. (   ).

면접관: 2. (   )?

지원자: 네, 저는 B대학에서 비즈니스 한국어학을 전공했습니다.

면접관: 3. (   )?

지원자: 대학에서 비즈니스 한국어학을 공부하면서 관심을 갖게 되었습니다.
 그리고 회사가 고향에서 가까워서 지원하게 되었습니다.

면접관: 4. (   )?

지원자: 네, 인턴십프로그램으로 3개월 동안 H회사 인사부에서 일했습니다.

면접관: 자신의 5. (   ).

지원자: 많은 사람들과 잘 어울리고 성격이 활동적입니다.

면접관: 네, 알겠습니다. 마지막으로 하고 싶은 말이 있습니까?

지원자: A회사에서 6. (   ).

Ishora:

1. Bu Monika ingliz bo'limiga hujjat topshirgan.
2. Mutaxassisligingiz nima?
3. A kompaniyasiga murojaat qilishingizga nima turtki bo'lgan?
4. Koreya kompaniyasida ishlash tajribangiz bormi?
5. Afzalliklari haqida gapiring.
6. Agar menga ishlash imkoniyatini bersangiz, men qo'limdan kelganini qilaman.

Ish vaqti 업무 시간

○ ○ ○

업무 일과, 조퇴, 결근
Ish kunining boshlanishi va oxiri, erta va ishdan bo'shatish

01. 근무 시간은 ~부터 ~까지입니다. / Ish vaqti ~ dan ~ gacha.

02. 실례지만, ~때문에 먼저 퇴근하겠습니다. /
Kechirasiz. ~sababli birinchi bo'lib ishni tugatishim kerak.

03. ~(으)니까 좀 일찍 출근해야 할까요? /
~sababli ishga erta kelishim kerakmi?

04. ~아/어/여서 결근했습니다. / Men ~sababli kela olmadim.

05. ~아/어/여서 죄송합니다. / Uzur so'rayman / ~ligi uchun uzur so'rayman.

근무 시간은 ~부터 ~까지입니다.

Kompaniyaning ish vaqti

Nutq amaliyoti

생산부 근무시간은 오전 7시부터 오후 3시까지입니다.

Ishlab chiqarish bo'limining ish vaqti 7:00 dan 15:00 soatgacha.

영업부 근무시간은 오전 9시부터 오후 5시까지입니다.

Savdo bo'limi 9:00 dan 17:00 gacha ishlaydi.

회사 업무시간은 오전 8시부터 오후 6시까지입니다.

Kompaniyaning ish vaqti 8:00 dan 18:00 gacha.

구내식당 업무시간은 오전 10부터 오후 8시까지입니다.

Kafeterya ertalab soat 10:00 dan 20:00 gacha ishlaydi.

Dialoglarni mashq qilish

A: 근무시간은 보통 어떻게 됩니까? │ Odatiy ish soatlari qanday?

B: 네, 저희 영업부는 보통 오전 9시부터 오후 5시까지 일을 합니다. │
Bizning savdo guruhimiz odatda ertalab soat 9 dan 17 gacha ishlaydi.

A: 일이 많을 때는 어떻게 합니까? │ Ishingiz ko'p bo'lsa nima qilasiz?

B: 일이 많은 날에는 더 늦게 퇴근합니다. 하지만 연장근무 수당을 받습니다. │
Ish ko'p bo'lgan kunlarda uyga kech qaytamiz. Biroq, biz ortiqcha ish uchun qo'shimcha
haq olamiz.

Ish vaqti ~ dan ~ gacha.

 **Bir qadam oldinga**

한국회사에서 연장 근무를 하는 경우는 크게 두 가지가 있다. 부서에서 해야 할 급한 일이 생긴 경우나 직장 상사가 퇴근하라는 말 없이 퇴근을 하고 있지 않은 경우이다. 보통 두번째의 경우는 직급이 낮거나 승진이 얼마 남지 않은 경우로 직장 상사의 눈치를 보기 때문이다. 외국 회사의 경우를 보면 첫번째의 상황처럼, 급한 업무가 있는 경우 외에는 연장 근무를 하는 경우는 거의 없다. 그것도 급한 업무가 생기면 보통 책임자가 일의 중요성을 자세히 설명하고 직접 연장 업무를 부탁한다. 이것은 외국 회사의 근무 문화와도 관련이 있다. 한국 회사에서는 모든 부서에서 업무를 빠르게 마무리하는 것을 중요하게 여기기 때문에 연장 근무도 당연하게 생각하는 경향이 있다.

Koreya kompaniyasida qo'shimcha ishning (연장근무) ikki turi mavjud. Birinchisi, ish haqiqatan ham shoshilinch bo'lsa, ikkinchisi, lavozimi kattalar uyga ket demagani uchun uyga bormay qo'yganingizda. Ikkinchi holat past lavozimdagi ishchilar yoki yaqinda ko'tarilgan (승진) ishchilarni o'z ichiga oladi, shuning uchun ular ehtiyotkorlik bilan (눈치를 보다) harakat qilishadi. Xorijiy kompaniyalarga kelsak, odatda birinchi marta yuzaga kelgan shoshilinch ishdan (급한) tashqari deyarli hech kim ortiqcha ishlamaydi. Va hatto bu holatda ham mas'ul shaxs ishning muhimligini batafsil (자세히) tushuntirib beradi va to'g'ridan-to'g'ri ortiqcha ish qilishni so'raydi. Bu xorij kompaniyalarining ish madaniyati bilan ham bog'liq. Koreya kompaniyalarining barcha bo'limlarida topshiriqni tezda bajarish muhim (마무리하다) deb hisoblanadi.

02

실례지만, ~때문에 먼저 퇴근하겠습니다.

O'z vaqtidan oldin ishdan ketishingiz kerak bo'lgan vaziyat uchun nutq aylanishi.

Nutq amaliyoti

실례지만, 내일 출장 때문에 먼저 퇴근하겠습니다.
Kechirasiz. Ertaga xizmat safarim bo'lgani uchun avval ketishim kerak.

실례지만, A회사 담당자와 회의 때문에 먼저 퇴근하겠습니다.
Kechirasiz. Men A kompaniyasi bilan uchrashuv tufayli birinchi bo'lib ketishim kerak.

거래처 일 때문에 먼저 퇴근하겠습니다.
Kechirasiz. Mijoz bilan uchrashishim kerakligi uchun avval ketishim kerak.

공항에 배웅을 가야하기 때문에 먼저 퇴근하겠습니다.
Kechirasiz. Aeroportda odamni kutib olish uchun avval ketishim kerak.

Dialog amaliyoti

A: 화요일까지 이 일을 마무리해 주세요. | Seshanba kunigacha bu ishni yakunlang.

B: 과장님, 수요일까지 끝내면 안 될까요? | Menejer, chorshanbagacha tugatsam bo'ladimi?

A: 무슨 일이 있습니까? | Qanday qiyinchilik bor?

B: 네, 화요일에 부장님과 대전 지사에 가기로 하였습니다. 늦어도 수요일까지 마무리하겠습니다. |
Seshanba kuni bosh direktor va men Daejon filialiga boramiz. Chorshanbadan kechiktirmay tugataman.

A: 네, 그렇게 해 주세요. | Yaxshi, qil.

B: 그럼, 내일 출장 때문에 먼저 퇴근하겠습니다. |
Keyin ertaga xizmat safari bo'lgani uchun birinchi bo'lib ketaman.

Kechirasiz. ~sababli birinchi bo'lib ishni tugatishim kerak.

Bir qadam oldinga

한국 회사에서 퇴근할 때 많이 사용하는 표현 중에는 《수고하십시오(수고하세요)》, 《고생하십시오(고생하세요)》, 《애쓰십시오(애쓰세요)》 표현을 자주 사용한다. 이 표현들은 직급이 낮은 사람이 직급이 높은 사람에게 사용하면 안 되는 표현들이다. 다시 말하면, 아랫사람이 윗사람에게 사용하면 안 되는 말들이고 윗사람이 아랫사람에게 보통 하는 표현들이다. 바른 표현으로는 《먼저 퇴근하겠습니다》, 《먼저 집으로 들어가겠습니다》, 《내일 뵙겠습니다》 등을 사용하는 것이 좋다.

Koreya kompaniyalarida ofisdan chiqishda 《ishni yaxshi davom eting》 ma'nosini beruvchi quyidagi iboralar juda tez-tez ishlatiladi: 《수고하십시오 (수고하세요)》, 《고생하십시오 (고생하세요)》, 《애쓰십시오 (애쓰세요)》. Biroq, bu iboralarni past darajadagi xodimlar yuqori lavozimli xodimlar uchun ishlata olmaydi. Boshqacha aytganda, bu iboralarni faqat lavozimi yuqori bo'lgan hodimlar o'z qo'l ostidagilarga ishlatishlari mumkin. Shuning uchun, ofisdan chiqishda aytiladigan eng to'g'ri iboralar: 《먼저 퇴근 하겠습니다》 《Men birinchi bo'lib ketaman》, 《먼저 집으로 들어가겠습니다》 《Birinchi bo'lib uyga boraman》, 《내일 뵙겠습니다》 《Ertaga uchrashguncha》.

03

~(으)니까 좀 일찍 출근해야 할까요?

Ishga erta kelishingiz kerak bo'lgan vaziyat uchun nutq almashinuvi

Nutq amaliyoti

아침에 중요한 회의가 있으니까 좀 일찍 출근해야 할까요?
Ertaga ertalab muhim uchrashuv bo'lgani uchun ishga erta kelishim kerakmi?

내일 6시에 출발하니까 일찍 출근해야 할까요?
Ertaga soat 6 da jo'nab ketishimiz kerakligi uchun ishga erta kelishim kerakmi?

오전에 부장님 면담이 있으니까 일찍 출근해야 할까요?
Ertaga ertalab bosh direktor bilan rejalashtirilgan maslahatlashuv tufayli ishga erta kelishim kerakmi?

아침에 중요한 바이어가 오니까 일찍 출근해야 할까요?
Ishga erta kelishim kerakmi, chunki ertaga ertalab muhim mijoz keladi?

Dialog amaliyoti

A: 김 대리님, 내일 회의에는 부장님도 참석하시나요?
   Menejer yordamchisi Kim, bosh direktor ertaga yig'ilishda bo'ladimi?

B: 네, 부서의 모든 직원이 참석할 거예요.
   Ha, barcha bo'lim xodimlari hozir bo'ladi.

A: 그러면, 회의 준비를 잘해야겠네요. 중요한 회의이니까 내일은 좀 일찍 출근해야 할까요?
   Keyin yaxshi tayyorgarlik ko'rishim kerak. Ertaga muhim uchrashuv tufayli ishga erta kelishim kerakmi?

B: 네, 처음 참석하는 회의니까 좀 일찍 출근하세요.
   Ha, bu siz qatnashayotgan birinchi uchrashuv bo'lgani uchun ishga erta keling.

A: 네, 알겠습니다. │ Ha tushunarli.

Bir qadam oldinga

회의는 보통 부서의 구성원들이 토론하고 아이디어를 이야기하기 위하여 하게 된다. 회의를 하기 전에 반드시 읽고 준비하여야 할 것이 회의운영계획서(Agenda, 의제)이다. 회의운영계획서를 보면, 회의 목적, 목표, 그리고 회의 주제를 알 수 있다. 또한 회의 참석자 수와, 회의 장소, 일시를 알 수 있다. 회의운영계획서가 보다 중요한 것은 회의 의제마다 누가 발표를 할 것이며, 발표 시간은 어느 정도 될 것인지 예상할 수 있기 때문에 회의를 효과적으로 설계하는 데에 필요하다.

Bo'lim xodimlari o'z fikr-mulohazalarini bildirish va muhokama qilish uchun yig'ilishlar (토론) o'tkaziladi. Uchrashuvdan oldin kun tartibidagi (회의운영 계획서, 의제) narsalarni tayyorlash va o'qib chiqish zarur. Yig'ilish kun tartibida uchrashuvning (목적), maqsadlari (목표) va mavzusi (주제) haqida ma'lumotlar mavjud. Shuningdek, ishtirokchilar soni, uchrashuv joyi va vaqti ham mavjud bo'ladi. Eng muhimi, har bir kun tartibi bo'yicha kim ma'ruza qiladi, har bir taqdimot uchun vaqtni samarali taqsimlash samarali uchrashuvni rejalashtirishga yordam beradi.

04

~아/어/여서 결근했습니다.

Yo'qligining sababini tushuntirish uchun nutq

Nutq amaliyoti

어제 갑자기 교통사고가 나서 결근했습니다.

Kecha to'satdan avtohalokat tufayli yo'lda edim.

갑자기 팔을 다쳐서 결근했습니다.

Men yo'q edim, chunki to'satdan qo'limni jarohatlab oldim.

집안에 급한 일이 생겨서 결근했습니다.

Uyda zarur ish borligi uchun men yo'q edim.

어제 친척 분이 갑자기 돌아가셔서 결근했습니다.

Kecha qarindoshlardan biri to'satdan vafot etgani uchun men yo'q edim.

Dialog amaliyoti

가: 김 주임, 어제 왜 결근했습니까? | Bosh mutaxassis Kim, kecha nima uchun yo'q edingiz?

나: 회사에 출근하다가 갑자기 교통사고가 나서 결근했습니다.
    Men ofisga ketayotib, to'satdan avtohalokatga uchraganim sababli yo'q edim.

가: 부장님께 보고드렸습니까? | Bosh direktorga xabar berdingizmi?

나: 네, 사고가 난 후에 바로 보고드렸습니다.
    Ha, men voqea sodir bo'lganidan keyin darhol xabar berdim.

Bir qadam oldinga

한국의 한 취업사이트(사람인)에서 한국 직장인 1892명을 대상으로 ≪거짓말이나 핑계를 대고 출근하지 않은 경험≫에 대하여 설문조사를 하였다. 그 결과는 보면, 가장 많이 결근한 이유는 ≪그냥 쉬고 싶어서≫가 54.3%로 많았다. 그리고 ≪이직 관련 일정이 있어서≫ 결근한 경우는 35.6%로 다음으로 많은 직장인이 응답하였다. 그 외에도 ≪갑자기 급한 일이 생겨서≫, ≪여행을 가기 위해서≫, ≪회의에 참석하기 싫어서≫ 등 다양한 대답이 있었다. OECD(Organization for Economic Co-operation and Development)국가 중에서 근무시간이 가장 많은 나라는 한국이다. 아마도 과도한 업무 때문에 이와 같은 대답을 하였을 것이라고 추정해 볼 수 있다.

Koreyaning bandlik saytlaridan biri (Saramin) 1892 nafar koreyalik xodim oʻrtasida biron bir notoʻgʻri sabab yoki bahona bilan ishga bormaslik tajribasi haqida soʻrovnoma (설문 조사) oʻtkazdi. Natijada, ish qoldirish (결근) asosiy sababi respondentlarning 54,3 foizi bilan ≪shunchaki dam olishni xohlaydi≫. Keyingi eng ommabop javob respondentlarning 35,6 foizi: "Men ish joyini oʻzgartirish bilan bogʻliq uchrashuvlar oʻtkazdim". Yuqoridagilardan tashqari, "shoshilinch nimadir yuzaga kelgani uchun", "safar tufayli", "Chunki men uchrashuvda qatnashishni istamaganim uchun" kabi turli javoblar ham boʻldi. Koreya OECD (Iqtisodiy hamkorlik va taraqqiyot tashkiloti) davlatlari orasida eng uzoq ish vaqtiga (근무 시간) ega davlat hisoblanadi. Yuqorida aytib oʻtilgan soʻrov natijalari, ehtimol, ortiqcha ish (과도한 업무) bilan bogʻliq deb taxmin qilish mumkin.

~아/어/여서 죄송합니다.

Xato yoki noto'g'ri harakat uchun kechirim so'rash uchun nutq

Nutq amaliyoti

회의에 늦어서 죄송합니다. │ Uchrashuvga kech qolganim uchun uzr.

보고서가 늦어져서 죄송합니다. │ Kechiktirilgan hisobot uchun uzr.

제품 배송이 늦어져서 죄송합니다. │ Tovarni kech yetkazib bergani uchun uzr.

서비스 이용에 불편을 드려서 죄송합니다. │
Xizmatdan foydalanish paytida yuzaga kelgan noqulayliklar uchun uzr so'raymiz.

Dialog amaliyoti

A: 김 주임, 지난주에 말한 보고서는 다 끝났어요? │
Bosh ofitser Kim, o'tgan hafta men so'ragan hisobotni tugatdingizmi?

B: 아직 작성하지 못했습니다. 보고서가 늦어져서 죄송합니다. │
Men buni hali yozmadim. Kechiktirilgan hisobot uchun uzr.

A: 이번주 목요일까지는 끝내야 합니다. │ Bu payshanbagacha tugatishingiz kerak.

B: 네, 늦어도 목요일까지는 마치도록 하겠습니다. │
Ha, payshanbadan kechiktirmay tugataman.

Uzur so'rayman / ~ligi uchun uzur so'rayman.

 **Bir qadam oldinga**

신입사원이 자주 하게 되는 말은 ≪죄송합니다≫이다. 낯선 환경에서 처음으로 만난 직원들과 새로운 일을 시작하게 되면 누구나 실수를 하게 된다. 예를 들면, 거래처에서 온 전화를 받을 때, 업무 보고, 회의 준비할 때 등 회사 업무를 잘 파악하기 전까지는 자주 실수를 하게 된다. 사람은 누구나 처음부터 완벽해질 수는 없다. 자신의 부족한 부분을 찾아 채우면서 나아가는 것이다. 따라서 실수를 했을 경우에는 바로 보고하고 책임자에게 도움을 요청하는 것이 좋다. 그리고 같은 실수를 다시 하지 않도록 본인만의 방법을 찾는 것도 중요할 것이다.

Yangi ishga yollanganlarning eng koʼp aytiladigan iboralaridan biri bu ≪Kechirasiz≫. Har bir inson notanish muhitda birinchi marta uchrashadigan yangi xodimlar bilan yangi ishni boshlashda xato (실수) qilishi mumkin. Masalan, kompaniya faoliyati toʼliq tushunilgunga qadar, mijozdan (거래처) qoʻngʻiroqni qabul qilishda, hisobotlarni tuzishda, yigʻilishga tayyorgarlik koʻrishda xatolar takrorlanishi mumkin. Hech kim boshidanoq mukammal (완벽하다) ishlay olmaydi. Siz doimo kamchiliklaringizni izlashingiz va ularni yaxshilashingiz kerak. Shuning uchun, xatolik yuz bergan taqdirda, darhol masʼul shaxsga xabar berish va yordam soʼrash tavsiya etiladi. Yana bir xil xatoga yoʼl qoʼymaslik uchun oʼz yoʼlingizni topish ham muhimdir.

3과에서 배운 중요 단어 확인하기 (3-bo'limdan asosiy lug'atni tekshirish)

Quyidagi so'zlarning to'g'ri ma'nosini yozing.

1. 수당
2. 승진
3. 연장근무
4. 출장
5. 거래처
6. 배웅
7. 참석
8. 교통사고
9. 죽다 (돌아가시다)
10. 보고

Bir xil ma'noga ega so'zlarni tanlang.

1. Shoshilinch narsa   • 핑계
2. Hisobot   • 제품
3. Mijoz   • 보고서
4. Kun tartibi   • 배송
5. Suhbat (yuzma-yuz)   • 작성
6. Mahsulot   • 거래처
7. Yozish   • 결근
8. Yo'qligi (ishda)   • 급한 일
9. bahona/bahona   • 의제
10. Yetkazib berish [buyum]   • 면담

3과에서 배운 중요 문형 표현을 문장으로 쓰고 말하기
(3-bo limda o'rganilgan iboralar yordamida gaplarni tarjima qiling.)

📝 Nutq aylanishi

1. Savdo bo'limi 9:00 dan 17:00 gacha ishlaydi.

____

2. Ishingiz ko'p bo'lsa nima qilasiz?

____

3. Kechirasiz. Ertaga xizmat safari tufayli birinchi bo'lib ketaman.

____

4. Iltimos, bu ishni seshanba kunigacha yakunlang.

____

5. Ertaga ertalab muhim uchrashuv bor, iltimos ishga erta keling.

____

6. Yig'ilishda kafedraning barcha a'zolari ishtirok etadilar.

____

7. Kecha to'satdan avtohalokat tufayli yo'q edim.

____

8. Kecha nega yo'q edingiz?

____

9. Kechiktirilgan hisobot uchun uzr.

____

10. Men hisobotni payshanba kunigacha tayyorlayman.

____

Uchrashuv (yig'ilishl

Qavs ichida tegishli iborani yozing.

대리: 내일 아침에 1. (   ).

신입사원: 네, 알겠습니다. 그런데 몇 시까지 출근해야 할까요?

대리: 2. (   ).

신입사원: 네, 알겠습니다.

(다음 날)

신입사원: 3. (   ).

대리: 왜 늦었습니까?

신입사원: 4. (   ).

대리: 다치지 않았어요?

신입사원: 네, 괜찮습니다. 앞에 차가 교통사고가 나서 저는 다치지
않았습니다.

대리: 그럼, 빨리 회의 준비합시다.

Ishora:

1. Muhim uchrashuv bo'ladi, shuning uchun ishga erta keling
2. Uchrashuvga tayyorgarlik ko'rishingiz kerakligi sababli, siz ertalab soat 8 dan oldin kelishingiz kerak.
3. Kech qolganim uchun uzr so'rayman.
4. To'satdan avtohalokat tufayli kechikdim.

Ofis jihozlaridan foydalanish

사무실 기기 사용

○ ○ ○

회의 자료 출력하기, 기기 사용 질문하기

Matbaa materiallari va ofis jihozlaridan foydalanish

01. ~을/를 출력해도 될까요? / ~ chop qilsam bo'larmikin?

02. ~(으)니까 ~(으)세요. / Iltimos, ~ni qiling, chunki ~

03. ~은/는 어디에 있습니까? / ~ qayerda?

04. ~ 사용하는 방법을 가르쳐주세요. /
    Iltimos, ~ dan qanday foydalanishni ko'rsating.

05. ~에 감사드립니다. / ~ uchun rahmat.

~을/를 출력해도 될까요?

Uchrashuv materiallari va ishchi hisobotlarni chop etishga ruxsat olish uchun nutq aylanmasi

Nutq amaliyoti

이 자료를 출력해도 될까요? │ Ushbu materialni chop etasam bo'larmikin?

10부를 출력해도 될까요? │ 10 nusxada chop etsam bo'larmikin?

오후까지 회의 자료를 출력해도 될까요? │
Uchrashuv materiallarini tushgacha chop etsam bo'larmikin?

회의 계획서를 출력해도 될까요? │ Uchrashuv kun tartibini chop etsam bo'larmikin?

Dialog amaliyoti

A: 회의 준비는 잘 했어요? │ Uchrashuvga yaxshi tayyormisiz?

B: 네, 열심히 준비하고 있습니다. 회의 참가자가 모두 몇 명인지 아세요? │
  Ha, men qattiq tayyorlanyapman. Qancha odam qatnashishini bilasizmi?

A: 부장님 포함해서 8명입니다. │ Bosh direktor bilan birga 8 kishi bo'ladi.

B: 그럼, 충분하게 회의 자료 10부를 출력해도 될까요? │
  Keyin materialning 10 nusxasini chop etsam bo'ladimi?

A: 네, 그 정도면 충분할 거예요. │ Ha, etarli bo'ladi.

Bir qadam oldinga

보통 회의 일주일 전에 직장 상사가 회의 주제를 말해 준다. 그러면 회의 주제와 관련하여 어떤 자료가 필요한지 확인하고 회의에 필요한 참고 자료나 발표 자료를 준비해 두는 것이 필요하다. 이런 준비를 하게 되면 회의 내용을 이해하는 데에 도움이 될 것이다. 그리고 회의 자료를 출력할 때는 보통 흑백으로 출력을 하며, 양면으로 자료를 출력하는 것이 좋다. 그리고 발표를 하게 될 경우에는 여러 페이지로 종이 한 장에 출력하여 발표화면에 간결하게 제시하는 것이 필요하다.

Odatda yig'ilishdan bir hafta oldin katta xodim uchrashuv mavzusini aytib beradi. Shundan so'ng, yig'ilish mavzusi bo'yicha qanday materiallar kerakligini tekshirish va yig'ilish uchun zarur bo'lgan ma'lumotlar (참고 자료) yoki taqdimot materiallarini (발표 자료) tayyorlash kerak. Ushbu tayyorgarlik sizga uchrashuv mazmunini tushunishga yordam beradi. Va yig'ilish materiallarini chop etishda ular odatda qora va oq rangda bosiladi va materiallarni ikkala tomondan chop etish (출력하다) yaxshidir. Bundan tashqari, taqdimotni o'tkazishda bir varaq qog'ozga bir nechta sahifalarni chop etish va ularni taqdimot ekranida ixcham (간결하게) tarzda taqdim etish (제시하다) kerak.

Sababini tushuntirish bilan so'rov uchun nutq aylanishi

Nutq amaliyoti

중요한 회의가 있으니까 모두 참석하세요.
Iltimos, barcha qatnashing, chunki uchrashuv muhim.

거래처에서 중요한 손님이 오니까 일찍 출근하세요.
Iltimos, ishga erta keling, chunki mijoz kompaniyasidan muhim mehmon keladi.

중요한 내용이니까 부장님에게 바로 보고하세요.
Iltimos, darhol bosh direktorni xabardor qiling, chunki bu muhim masala.

중요한 내용이니까 회의에 참석하지 않은 사람에게도 보내세요.
Iltimos, buni yig'ilishda bo'lmagan odamlarga yuboring, chunki bu muhim masala.

Dialog amaliyoti

A: 이 보고서는 언제까지 제출해야 하나요?
　　Bu hisobotni qaysi vaqtda topshirishim kerak?

B: 중요한 보고서이니까 내일까지 제출하세요.
　　Iltimos, uni ertaga yuboring, chunki bu muhim hisobot.

A: 부장님에게 드리면 됩니까? │ Buni bosh direktorga taqdim etsam bo'ladimi?

B: 먼저 김 과장님에게 드려서 내용을 확인하세요.
　　Avval menejer Kimga yuboring va uning mazmunini tekshiring.

Iltimos, ~ ni qiling, chunki ~.

Bir qadam oldinga

한국기업과 해외 외국기업과의 기업 문화를 비교할 때 가장 큰 차이점은 아마도 ≪결재 문화≫일 것이다. 도장이 찍히는 결재 양식을 사용하는 나라는 많지 않다. 일반적인 결재 순서는 실무자 → 과장 → 팀장 → 부서장 → 임원 순서로 결재판을 들고 서명이나 도장을 받기 위해서 순서를 기다려야 한다. 반면에 해외 외국기업에서는 대부분의 의사결정을 전자 시스템으로 ≪이메일 보고 → 부서(팀) 게시판 확인 → 부서 담당자 결재≫ 순서로 이루어진다. 요즘 한국기업에서도 ≪전자 결재≫를 사용하는 기업이 점차 늘고 있다. 전자 결재 방식은 결재자가 부재 중일 때도 문제가 없으며, 결재자의 서명을 직접 받기 위해서 기다릴 필요가 없다.

Koreya kompaniyalari va xorijiy kompaniyalar o'rtasidagi korporativ madaniyatni solishtirganda, eng katta farq, ehtimol, ≪tasdiqlash madaniyati≫. Muhrlangan to'lov shaklini ishlatadigan mamlakatlar ko'p emas. Tasdiqlashning umumiy tartibi: mas'ul shaxs (실무자) → menejer (과장) → guruh rahbari (팀장) → bo'lim boshlig'i (부사장)→ yuqori darajadagi amaldor (임원). An'anaviy usul - imzo papkasi bo'lgan hujjatda imzo yoki muhrni kutish. Boshqa tomondan, xorijdagi xorijiy kompaniyalarda aksariyat qarorlar elektron tizim orqali "e-mail hisoboti → bo'lim (jamoa) e'lonlar taxtasi → bo'lim mas'ul shaxs tomonidan tasdiqlash" tartibida amalga oshiriladi. Hozirgi kunda koreys kompaniyalarida ≪elektron to'lov≫dan (전자 결재) ko'proq kompaniyalar foydalanmoqda. Tasdiqlovchi yo'q bo'lganda ham elektron to'lov usuli hech qanday muammo tug'dirmaydi va tasdiqlovchining imzosini olish uchun kutishning hojati yo'q.

Kerakli ma'lumotlarni olish uchun nutq aylanishi

 **Nutq amaliyoti**

세미나실은 어디에 있습니까? | Seminar xonasi qayerda joylashgan?

다용도실(탕비실)은 어디에 있습니까? |
Ko'p funktsiyali xona (ofis oshxonasi) qayerda joylashgan?

비서실은 어디에 있습니까? | Kotibning idorasi qayerda joylashgan?

홍보실은 어디에 있습니까? | Jamoatchilik bilan aloqalar bo'limi qayerda joylashgan?

구내 식당은 어디에 있습니까? | Kafeteriya qayerda joylashgan?

 **Dialog amaliyoti**

A: 커피 한 잔 하려고 합니다. 다용도실은 어디에 있습니까? |
Bir chashka kofe olmoqchi edim ofis oshxonasi qayerda joylashgan?

B: 2층에 있습니다. | Ikkinchi qavatda.

A: 김 대리님도 커피 한 잔 하시겠어요? |
MeneJer yordamchisi Kim, bir chashka qahva istaysizmi?

B: 네, 같이 가시죠. | Ha, birga boraylik.

Bir qadam oldinga

회사마다 직원들을 위한 탕비실(湯沸室)이 있다. 탕비실의 의미는 《사무실에서 물을 끓이거나 그릇을 씻을 수 있게 마련된 작은 방》을 말한다. 하지만 최근에는 탕비실이 회사의 분위기를 결정하는 중요한 장소로 여겨진다. 그 주된 이유는, 차를 마시거나 과자를 먹으면서 부서원들 간의 소통을 위한 장소가 되었기 때문이다. 탕비실은 일본식 한자어에서 온 말이다. 그러므로 탕비실이라는 단어 보다는 《다용도실》, 또는 《준비실》이라고 사용하는 것이 맞다.

Har bir kompaniya o'z xodimlari uchun ofis oshxonasiga(탕비실, 湯沸室) ega. 《탕비실》 ma'nosi ‑ ofisda qaynoq suv yoki idishlarni yuvish uchun tayyorlangan kichik xona. Biroq, yaqinda oshxona xonasi kompaniyaning atmosferasini belgilaydigan muhim joy sifatida qaraladi. Buning asosiy sababi shundaki, u bo'lim a'zolarining choy ichish yoki gazak yeyish vaqtida muloqot qilish joyiga aylangan. 《탕비실》 yaponcha irogliflaridan olingan so'zdir. Shuning uchun 《탕비실》 so'zidan ko'ra 《다용도실》 (ko'p maqsadli xona) yoki 《준비실》 (tayyorgarlik xonasi) so'zini ishlatish to'g'riroq.

~ 사용하는 방법을 가르쳐 주세요.

Texnologiyadan qanday foydalanish kerakligi haqidagi savol uchun nutq aylanishi.

Nutq amaliyoti

복사기 사용하는 방법을 가르쳐 주세요.
Iltimos, nusxa ko'chirish mashinasidan qanday foydalanishni ko'rsating.

게시판 사용하는 방법을 가르쳐 주세요.
Iltimos, e'lonlar taxtasidan qanday foydalanishni ko'rsating.

회사 공지 프로그램 사용하는 방법을 가르쳐 주세요.
Iltimos, kompaniya xabarnoma dasturidan qanday foydalanishni ko'rsating.

파쇄기 사용하는 방법을 가르쳐 주세요.
Iltimos, menga maydalagichdan qanday foydalanishni ko'rsating.

Dialog amaliyoti

A: 회의 주제를 게시판에 공지해야 하는데요. 회사 게시판 사용하는 방법을 가르쳐 주세요.
Men xabarlar paneli orqali uchrashuv mavzusini xabardor qilishim kerak. Iltimos,
kompaniya xabarlar panelidan qanday foydalanishni ko'rsating.

B: 부서원 모두에게 알려야 하나요?
Bo'limdagi barcha xodimlar xabardor qilinishi kerakmi?

A: 네, 김 과장님이 부서원 모두에게 알리라고 하셨습니다.
Ha, boshliq yordamchisi Kim bo'limdagi hammani xabardor qilishni aytdi.

B: 그럼, 우선 회사원 ID로 로그인해 보세요.
Birinchidan, xodimning identifikatori bilan ro'yxatdan o'ting.

Iltimos, ~ dan qanday foydalanishniko'rsating.

Bir qadam oldinga

한국 군대에서는 직책 상 입대한 순서에 따라 ≪선임≫과 ≪후임≫으로 부른다. 그리고 군 생활에서는 선임을 ≪사수≫, 후임을 ≪부사수≫라고 부른다. 그리고 이러한 호칭은 한국 회사에서 신입사원에게 업무를 가르쳐주는 선배 직원을 부르는 말로 ≪사수≫를 사용한다. 사수의 의미는 회사 업무를 가르쳐주고 조언과 도움을 주는 멘토(mentor)와 같은 의미로 사용이 되는 것이다. 한국에서 인기 있었던 드라마 ≪미생≫에서 다음과 같이 말한 장면이 있다. ≪장그래 씨, 신중한 사수와 성실한 후임이 있는 그런 곳에 가야 합니다. ≫

Koreya armiyasida ular lavozimiga ko'ra, harbiy xizmatga kirish tartibiga ko'ra ≪선임≫ (katta) va ≪후임≫ (kichik) deb nomlanadi. Harbiy hayotda kattalar ≪otishmachi≫ (사수) deb nomlanadi, o'rinbosar(kichkina) esa ≪o'qotar otishmachi≫(부사수) deb nomlanadi. Va bu sarlavha ≪사수≫ so>zini Koreya kompaniyasida yangi xodimga ishlashni o>rgatadigan yuqori lavozimli xodim uchun atama sifatida ishlatadi. Shu tariqa, ≪사수≫ so'zi ishda yordam beradigan va maslahat beradigan(조언과 도움을 주는) murabbiyning yangi ma'nosini oldi. Mashhur koreys dramasi ≪Misaeng: Incomplete Life≫da u shunday degan sahna bor. ≪장그래 씨, 신중한 사수와 성실한 후임이 있는 그런 곳에 가야 합니다. ≫ ≪Janob Gee-Re Jang, siz ehtiyotkor katta xodim va sodiq kichik xodim bo'lgan joyga borishingiz kerak. ≫

Minnatdorchilik izhori

Nutq amaliyoti

회사 안내에 감사드립니다. │ Ofisga tashrif buyurganingiz uchun tashakkur.

이메일 회신에 감사드립니다. │ Email javobingiz uchun rahmat.

친절에 감사드립니다. │ Sizning mehribonligingiz uchun rahmat.

저희 제품에 관심을 가져 주서서 감사드립니다. │
Mahsulotlarimizga bo'lgan qiziqishingiz uchun tashakkur.

Dialog amaliyoti

A: 여러 부서를 다니면서 인사를 하니까 느낌이 어떤가요? │
Bir nechta bo'limlardan o'tib, barcha xodimlar bilan salomlashganingizdan keyin o'zingizni qanday his qilasiz?

B: 모든 부서의 선배님들이 친절하게 맞아주셔서 고마웠습니다. │
Men barcha bo'limlardan yuqori darajadagi xodimlarni mehr bilan qabul qilgani uchun minnatdorman.
특히, 모든 부서를 안내해 주신 김 대리님에게 고마웠습니다. │
Men sizga, menejer yordamchisi Kimga, barcha bo'limlarni kezganingiz uchun alohida rahmat aytaman.

A: 나도 처음 입사했을 때가 생각나더군요. │
Bu menga birinchi marta kompaniyaga kelgan va hamma bilan salomlashgan vaqtimni eslatdi.

B: 친절한 안내에 감사드립니다. │ Yaxshi sayohatingiz uchun tashakkur.

~ uchun rahmat.

Bir qadam oldinga

≪감사(感謝)합니다≫는 조선시대 때부터 사용한 한자어 표현이고 ≪고맙습니다≫ 표현은 순 우리말(고유어)이다. 일반적으로 ≪감사합니다≫는 공손 표현으로 사용하고 ≪고맙습니다≫는 친근한 사이에 사용하는 표현이라고 생각을 한다. 하지만 이 두 표현의 유일한 차이점은 한자어와 순 우리말이라는 것 이외에는 다른 차이점은 없다. 예를 들면, 순 우리말인 ≪손님≫보다 한자어 ≪고객(顧客)님≫를 공손 표현으로 생각하는 것도 비슷한 이유에서이다. 한국어를 배우는 외국인뿐만 아니라 한국사람도 두 표현을 바르게 인식하고 사용하는 것이 바람직할 것이다.

"감사(感謝)합니다" - xitoycha belgi (한자어) iborasi bo'lib, u Joseon sulolasidan beri qo'llanilgan, "고맙습니다" esa sof koreys tili (ona tili) ≪순 우리말, 고유어≫. Umuman olganda, biz ≪감사합니다≫ni xushmuomalalik va ≪고맙습니다≫ni do>stona ifoda sifatida tushunamiz. Biroq, bu ikki iboraning yagona farqi shundaki, ular xitoycha belgilar va sof koreyschadir, ammo boshqa farq yo>q. Misol uchun, xuddi shunga o>xshash sababga ko>ra, xitoycha ≪mijoz≫ (고객(顧客)님) belgisi sof koreyscha ≪mehmon≫ (손님) so'zidan ko'ra muloyimroq ≪고객(顧客)님≫ hisoblanadi. Koreyslar va koreys tilini o'rganayotgan chet elliklar ikkala iborani to'g'ri tanib olishlari va ishlatishlari ma'qul.

4과에서 배운 중요 단어 확인하기 (4-bo'limdan asosiy lug'atni tekshirish)

✏️ Quyidagi so'zlarning to'g'ri ma'nosini yozing

1. 자료 _____________________________
2. 계획서 _____________________________
3. 출력 _____________________________
4. 발표 _____________________________
5. 참고 _____________________________
6. 회의록 _____________________________
7. 제출 _____________________________
8. 결재 _____________________________
9. 환영 _____________________________
10. 회식 _____________________________

📄 Bir xil ma'noga ega so'zlarni tanlang

1. maydalagich	• 안내
2. kichik xodim	• 친절
3. Ko'p funktsiyali xona ｜ ofis oshxonasi	• 관심
4. E'lonlar doskasi	• 선임
5. Mehribonlik	• 후임
6. Qabulxona ｜ kotib kabineti	• 게시판
7. Ekskursiya	• 파쇄기
8. Katta xodim	• 비서실
9. Jamoatchilik bilan aloqalar bo'limi	• 홍보실
10. Qiziqish	• 다용도실

문장

4과에서 배운 중요 문형 표현을 문장으로 쓰고 말하기

(4-bo limda o'rganilgan iboralar yordamida gaplarni tarjima qiling.)

Nutq amaliyoti

1. Uchrashuv uchun hujjatlarni qachongacha chop etishim kerak?

2. Uchrashuvda qancha ishtirokchi bo'lishini bilasizmi?

3. Hisobotni qachon topshirishim kerak?

4. Bu muhim hisobot bo'lgani uchun ertaga topshiring.

5. Kotibning idorasi qayerda joylashgan?

6. Jamoatchilik bilan aloqalar bo'limi qayerda joylashgan?

7. Elektron pochta orqali yuborgan javobingiz uchun tashakkur.

8. Men barcha bo'lim xodimlarini xabardor qilishim kerakmi?

9. Mahsulotimizga bo'lgan qiziqishingiz uchun tashakkur.

10. Men kompaniya uchun qo'limdan kelganini qilaman.

departamentning xabarnomasi

Qavs ichida tegishli iborani yozing.

대리: 다음주까지 1. (   ).

신입사원: 네, 알겠습니다. 그런데 아직 게시판 프로그램 사용 방법을 잘

　　　　모르겠습니다.

　　　　2. (   ).

대리: 알겠어요. 내가 오후에 가르쳐 줄게요.

신입사원: 네, 알겠습니다. 3. (   )?

대리: 아직 결정이 안 되었어요. 결정이 되면 바로 알려줄게요.

　　　그리고 4. (   ).

신입사원: 고맙습니다. 김 대리님.

대리: 그럼, 이따가 프로그램 사용 방법을 자세히 설명해 줄게요.

Ishora:

1. Iltimos, yig'ilish mavzusini kompaniya e'lonlar taxtasi orqali etkazing.
2. Agar siz kompaniyaning e'lonlar taxtasi dasturidan qanday foydalanishni
   ko'rsatsangiz, minnatdor bo'lardim.
3. Uchrashuv uchun joy bormi?
4. Bu muhim uchrashuv bo'lgani uchun bu safar e'lonlar taxtasiga e'lon qilaman.

Telefonda biznes suhbat

업무 전화

● ○ ○

정보를 묻고 확인하기, 전화로 질문하기, 메모 남기기, 안내하기
Ma'lumot so'rash va tekshirish, telefon orqali so'rash, telefon
qo'ng'irog'ini tugatish, xabarlar

01. ~(으)려고 전화드렸습니다. / Men ~ ga qo'ng'iroq qilaman.

02. ~와/과 통화할 수 있을까요? / ~ bilan gaplashsam bo'ladimi?

03. ~을/를 남기시겠습니까? / ~ bilan yolg'iz qolsam bo'ladimi?

04. ~을/를 다시 말씀해 주시겠습니까? / ~ takrorlay olasizmi?

05. ~을/를 다시 한번 확인하고 싶습니다. / Men aniqlik kiritmoqchiman ~

06. ~(이)라고 전해 주시겠습니까? / Buni o'tkazib yubora olasizmi ~?

Qo'ng'iroq sababini tushuntirish uchun nutq

Nutq amaliyoti

일정을 알려드리려고 전화드렸습니다.
Men sizga jadval haqida xabar berish uchun qo'ng'iroq qilyapman.

약속 시간을 확정하려고 전화드렸습니다.
Men uchrashuv tayinlash uchun qo'ng'iroq qilyapman.

회의 일시를 정하려고 전화드렸습니다.
Uchrashuv uchun sana va vaqtni belgilash uchun qo'ng'iroq qilyapman..

일의 진행 상황을 물어보려고 전화드렸습니다.
Men taraqqiyot haqida so'rash uchun qo'ng'iroq qilyapman.

Dialog amaliyoti

A: 안녕하세요? 영업부에 레나르입니다. Salom. Bu savdo bo'limidan Lenar.

B: 네, 총무부 김민수 과장입니다. 말씀하세요.
Salom. Bu ma'muriy bo'limdan menejer Kim Min Su.
Men tinglayapman, Iltimos gapiring.

A: 거래처 제품 설명서를 받았는지 확인하려고 전화드렸습니다.
Mijozning mahsulot broshyurasini oldingizmi deb so'rash uchun telefon qilyapman?

B: 네, 어제 받았습니다. Ha, kecha oldim.

Men ~ ga qo'ng'iroq qilaman.

Bir qadam oldinga

한국 드라마에서 신입사원이 전화 업무를 보면서 무척 긴장하는 장면이 있었다. 그 신입사원은 전화기를 보면서 마음 속으로 이렇게 말했다. ≪(전화기야~)울리지 마라, 제발 울리지 마≫. 전화 업무는 상대방을 볼 수 없고 목소리로만 상황을 알아야 하기 때문에 긴장이 되기 마련이다. 회사에서의 전화 업무는 이메일과 함께 가장 많이 사용하게 된다. 그러므로 전화를 받고 끊을 때에 사용하는 기본적인 표현을 익히는 것이 전화 업무에 도움이 될 것이다. 예를 들면, 전화를 받게 되면 ≪영업팀 김민수 대리입니다≫와 같이 소속과 이름을 말해야 한다. 그리고 전화를 끊을 때는 ≪고맙습니다. 좋은 하루 되시기 바랍니다≫라고 마무리 인사를 하는 것이 좋다.

Mashhur koreys dramasida bir yangilik stajyori biznes qo'ng'irog'idan juda asabiylashgan (긴장하다) sahna bor edi. U telefonga qaradi va ≪[Telefon], qo'ng'iroq qilmang, iltimos, qo'ng'iroq qilmang≫ dedi. Asabiylashish odatiy hol, chunki ishbilarmonlik suhbati davomida suhbatdoshni ko'rmasdan, faqat uning ovozini eshitish orqali vaziyatni (상황) tushunish kerak. Kompaniyalarda qo'ng'iroqlar elektron pochta bilan bir qatorda eng ko'p ishlatiladigan aloqa vositasidir. Shu munosabat bilan, qo'ng'iroqni qabul qilish va to'ldirish (전화를 받고 끊을 때) uchun quyidagi nutq navbatlarini (기본적인 표현) o'rganish yordam beradi. Misol: Qo'ng'iroqni qabul qilganingizda, ismingiz va bo'limingizni (소속) aytishingiz kerak: ≪Bu Savdo bo'limidan menejer yordamchisi Kim Min Soo≫ ≪영업팀 김민수 대리입니다≫. Suhbatni tugatgandan so'ng, yakuniy (마무리) salom yo'llash yaxshidir: "Rahmat. Xayrli kun≫ ≪고맙습니다. 좋은 하루 되시기 바랍니다≫.

~와/과 통화할 수 있을까요?

Siz gaplashmoqchi bo'lgan odamga qo'ng'iroq qilishni so'rash uchun nutq.

Nutq amaliyoti

영업부 책임자와 통화할 수 있을까요?
Savdo bo'limidagi mas'ul shaxs bilan gaplashsam bo'ladimi?

김 대리와 통화할 수 있을까요? | Menejer yordamchisi Kim bilan gaplashsam bo'ladimi?

총무부 김 과장님과 통화할 수 있을까요?
Ma'muriyat bo'limidan menejer Kim bilan gaplashsam bo'ladimi?

인사부 김 부장님과 통화하고 싶습니다.
Men inson resurslari bo'limi bosh menejeri Kim bilan gaplashmoqchiman.

Dialog amaliyoti

A: 안녕하세요? 영업부입니다. | Salom. Bu savdo bo'limi.

B: 네, 저는 한국회사 총무부에서 근무하는 김 주임입니다.
영업부 김 과장님과 통화할 수 있을까요?
Men Koreya kompaniyasining ma'muriy bo'limining katta mutaxassisi Kimman.
Kimning savdo menejeri bilan gaplashsam bo'ladimi?

A: 지금 자리에 안 계십니다. 무슨 일로 전화하셨는지요?
U hozir joyida emas. Nima haqida gaplashmoqchisiz?

B: 일의 진행 상황을 물어보려고 전화드렸습니다.
Men taraqqiyot haqida so'rash uchun qo'ng'iroq qilyapman.

A: 들어오시면 전화왔었다고 말씀드리겠습니다.
Qaytib kelgach, qo'ng'iroq qilganingizni aytaman.

Bir qadam oldinga

한국회사에서 회사 생활을 하게 되면 업무 지시를 기록해야 하는 경우가 있다. 이것은 업무를 지시한 사람을 명확히 하여 책임 관계를 확실히 하기 위해서이다. 따라서 전화 업무를 볼 때 선배나 상사의 업무 지시를 메모하거나 기록하는 것이 중요하다. 전화 통화를 한 후에 메모로 남겨야 하는 일반적인 사항은 다음과 같다. 우선 ≪언제 전화 통화를 했는지≫, ≪누구와 전화통화를 했는지≫, ≪전화 통화자의 연락처≫, ≪전화로 요청하거나 전달할 사항≫ 등을 기록하는 것이 좋다.

Koreya kompaniyasida ishlash jarayonida ish ko'rsatmalarini (업무 지시를 기록하다) yozishingiz kerak bo'lgan holatlar ko'p bo'ladi. Bu kim topshiriq bergan va kim mas'ul (책임 관계) ekanligini aniqlash uchun. Shuning uchun, telefon orqali suhbat paytida, yuqori lavozimli xodimlar yoki xo'jayindan olingan ish ko'rsatmalari bilan eslatmalarni (메모하다) olish yoki eslatmalarni qoldirish muhimdir. Qo'ng'iroq tugagandan so'ng eslatmaga yozish uchun standart tafsilotlar (사항): ≪qo'ng'iroq vaqti≫, ≪kim qo'ng'iroq qilgan≫, ≪qo'ng'iroq qiluvchining aloqa ma'lumotlari≫, ≪so'ralgan yoki berilgan ma'lumotlar≫.

~을/를 남기시겠습니까?

Nutq suhbatdoshning fikr bildirish uchun xabar yoki raqam qoldirishni xohlashini aniqlash uchun ishlatiladi.

Nutq amaliyoti

연락처를 남기시겠습니까? │ Kontakt raqamingizni baham ko'ra olasizmi?

전화번호를 남기시겠습니까? │ Aloqa raqamingizni qoldiring?

이메일 주소를 남기시겠습니까? │ Elektron pochtangizni qoldiringmi?

전화하신 용건을 남기시겠습니까? │ Qo'ng'iroq qilishdan maqsadni ayting?

Dialog amaliyoti

A: 김 과장님과 통화할 수 있을까요? │ Menejer Kim bilan gaplashsam bo'ladimi?

B: 지금 외근 중이십니다. │ U yo'lda (ofisdan tashqarida ishlaydi).

A: 언제쯤 통화가 가능할까요? │ Qachon u bilan telefonda gaplasha olaman?

B: 오후에 전화하시면 됩니다. 이름과 연락처를 남기시면 전화왔었다고 전해드리겠습니다. │
Siz kun davomida qo'ng'iroq qilishingiz mumkin. Agar menga ismingizni va aloqa ma'lumotlaringizni aytsangiz, men unga qo'ng'iroq qilganingizni aytaman.

A: 제품개발부 이 차장이 전화했다고 전해주세요. │
Iltimos, unga mahsulot ishlab chiqish bo'limining katta menejeri Li qo'ng'iroq qilganini ayting.

~ bilan yolg'iz qolsam bo'ladimi?

 **Bir qadam oldinga**

회사에 근무하게 되면 출장(出張)을 가거나 외근(外勤)을 나가게 된다. 출장과 외근은 다른 의미를 가지고 있다. 사전적인 의미를 보면, 《출장》은 《업무를 위하여 임시로 다른 곳으로 나감.》이라는 뜻의 명사이다. 《출장을 가다》, 《해외 출장 중입니다》, 《김 과장님은 내일 러시아로 출장을 갈 겁니다》 등의 표현으로 자주 사용한다. 《외근》의 경우에는 《직장 밖에 나가서 근무함. 또는 그런 근무》를 뜻하는 명사이다. 《이번달에는 외근이 많습니다》, 《외근 후에 퇴근하겠습니다》, 《김 과장님은 외근 중입니다》 등으로 자주 사용한다.

Bir kompaniyada ishlaganingizda, siz xizmat safariga borasiz yoki ishga chiqasiz. Ish safarlari (출장, 出張) va sayohatlar (외근, 外勤) turli xil ma'nolarga ega. Agar lug'at ma'nosiga qarasangiz, 《출장》 - Bu "vaqtinchalik ish uchun boshqa joyga borish" degan ma'noni anglatadi. U ko'pincha 《출장을 가다》 (ish safariga ketmoq), 《해외 출장 중입니다》 (chet elga xizmat safarida), 《김 과장님은 내일 러시아로 출장을 갈 겁니다》 (boshliq Kim ertaga Rossiyaga xizmat safariga boradi) kabi iboralarda qo'llaniladi. 《외근》 bu (ofisdan tashqari ish yoki ofisdan tashqari ish) degan ma'noni anglatadi. 《이번달 에는 외근이 많습니다》 (Bu oyda ishim ko'p), 《외근 후에 퇴근 하겠습니다》 (Ishdan keyin uyga ketaman), 《김 과장님은 외근 중입니다》 (Bosh Kim ishda emas) kabi so'z birikmalarida tez-tez ishlatiladi.

Agar biror narsa aniq bo'lmasa yoki noto'g'ri eshitilsa, takrorlash so'rovi uchun nutq aylanishi.

 **Nutq amaliyoti**

성함을 다시 말씀해 주시겠습니까?
Ismingizni yana bir bor takrorlay olasizmi?

회의 장소를 다시 말씀해 주시겠습니까?
Uchrashuv joyi qayerda ekanligini yana bir bor ayta olasizmi?

담당자 연락처를 다시 말씀해 주시겠습니까?
Mas'ul shaxsning aloqa ma'lumotlarini takrorlay olasizmi?

방금 하신 질문을 다시 말씀해 주시겠습니까? | Siz bergan savolni takrorlay olasizmi?

 **Dialog amaliyoti**

A: 회의 장소가 본사 3층 영업부 회의실로 바뀌었습니다.
Uchrashuv joyi bosh binoning 3-qavatidagi Savdo bo'limi konferentsiya zaliga o'zgartirildi.

B: 장소를 다시 말씀해 주시겠습니까?
Uchrashuv joyi qayerda ekanligini yana ayta olasizmi?

A: 본사 3층 영업부 회의실입니다.
Bosh binoning 3-qavatidagi savdo bo'limi konferentsiya zali.

B: 네, 알겠습니다. 고맙습니다. | Tushundim. Rahmat.

Bir qadam oldinga

회사에서 회의를 하게 되면 ≪회의록≫을 작성하게 된다. 직장 상사가 사원의 업무 능력을 보기 위하여 회의록 작성을 지시하는 경우도 있다. 회의록은 보통 프로젝트 담당자가 작성하게 된다. 회의록을 작성할 때 기본적으로 준비해야 할 내용은 다음과 같다. 먼저 회의 시간과 장소를 적는다. 다음으로 회의 참석 인원을 적는다. 그리고 회의의 주제와 안건을 적는다. 끝으로 회의 후에 할 실행 사항에 대하여 적는다. 회의 주제는 간략하게 작성하고 안건을 어떻게 실행할 것인지를 요약하여 정리한다.

Uchrashuvdan so'ng siz yig'ilish bayonnomasini (회의록) yozishingiz kerak. Ba'zida kattalar yordamchining ishini tekshirish uchun unga yig'ilish bayonnomasini yozishni buyuradi. Odatda yig'ilish protokoli loyiha uchun mas'ul shaxs tomonidan yoziladi. Umuman olganda, yig'ilish bayonnomasida quyidagilar bo'lishi kerak: 1. Yig'ilishning vaqti va joyi (시간과 장소); 2. Ishtirokchilar (참석 인원); 3. Uchrashuv mavzusi va kun tartibi (주제와 안건); 4. Yig'ilishdan so'ng hal qilinishi kerak bo'lgan masalalar (실행 사항). Yig'ilish mavzusi ixcham tarzda yozilishi va kun tartibi amalda qanday amalga oshirilishi haqida qisqacha ma'lumot bo'lishi kerak.

Axborotni aniqlashtirish uchun nutq aylanishi

Nutq amaliyoti

회의 안건을 다시 한번 확인하고 싶습니다.
Kun tartibini yana bir bor tekshirmoqchiman.

담당자의 전화번호를 다시 한번 확인하고 싶습니다.
Men mas'ul shaxsning telefon raqamini ikki marta tekshirmoqchiman.

부장님의 회의 참석 여부를 다시 한번 확인하고 싶습니다.
Yig'ilishda bosh direktor ishtirok etadimi-yo'qmi, yana bir bor ishonch hosil qilmoqchiman.

이메일 내용을 다시 한번 확인하고 싶습니다.
Men xat mazmunini yana bir bor tekshirib ko'rmoqchiman.

Dialog amaliyoti

A: 어제 회의 안건을 회사 게시판에 공지했는데 보셨습니까?
Kecha men yig'ilish kun tartibini kompaniya xabarlar taxtasiga joylashtirdim, ko'rdingizmi?

B: 아니요, 아직 확인을 하지 못했습니다. Yo'q, men hali tekshirmadim.

A: 김 과장님의 회의 참석 여부를 다시 한번 확인하고 싶습니다.
Uchrashuvda Kimning menejeri ishtirok etishiga yana bir bor ishonch hosil qilmoqchiman.

B: 네, 김 과장님은 회의에 참석하실 겁니다.
Ha, uchrashuvda Kimning menejeri ishtirok etadi.

Men aniqlik kiritmoqchiman ~.

 **Bir qadam oldinga**

회사에서 전화 업무를 볼 때면 여러 상황을 마주하게 된다. 예를 들면, 전화가 잘못 걸려 오거나, 회의 중에 전화가 오거나, 전화가 잘 들리지 않을 경우, 그리고 상대방을 기다리게 한 후에 통화하는 경우 등이 있다. 이럴 때는 ≪전화가 잘못 연결된 것 같습니다≫, ≪지금은 회의 중입니다≫, ≪20분 후에 다시 연락주십시오≫, ≪좀 더 크게 말씀해 주시면 고맙겠습니다≫, ≪기다리게 하여 죄송합니다≫ 등의 표현을 기억하고 있으면 당황하지 않고 전화 업무를 볼 수 있을 것이다.

Bir kompaniyada telefon orqali ishlaganingizda ko'p holatlarga (상황) duch kelasiz. Masalan, noto'g'ri raqamni terish, uchrashuv paytida qo'ng'iroq qilish, yomon aloqa yoki abonent uzoq vaqt kutganidan keyin qo'ng'iroq qilish va hokazo. Bunday hollarda, ≪전화가 잘못 연결된 것 같습니다≫ (Telefon noto'g'ri ulanganga o'xshaydi), ≪지금은 회의 중입니다≫ (Men hozir yig'ilishdaman), ≪20분 후에 다시 연락주십시오≫ (Iltimos, 20 daqiqadan keyin qo'ng'iroq qiling), ≪좀 더 크게 말씀해 주시면 고맙겠습니다≫ (Biroz balandroq gapirsangiz, minnatdor bo'lardim), ≪기다리게 하여 죄송합니다≫ (Kuttirganim uchun uzr.) Agar siz bunday vaziyatlar uchun quyidagi iboralarni eslab qolsangiz (기억하다) siz o'zingizni yo'qotib qo'ymaysiz (당황하다).

Xabarni etkazish uchun nutq

Nutq amaliyoti

오전 10시부터 회의라고 전해 주시겠습니까?
Uchrashuv ertalab soat 10 da boshlanadi degan xabarni yetkaza olasizmi?

회의 장소는 3층 회의실이라고 전해 주시겠습니까?
Uchrashuv uchinchi qavatdagi konferentsiya zalida bo'lishi haqida xabar bera olasizmi?

참석자가 10명이라고 전해 주시겠습니까?
10 nafar ishtirokchi bo'ladi, deb ayta olasizmi?

다음주 회의 주제는 영업전략이라고 전해 주시겠습니까?
Keyingi uchrashuv mavzusi savdo strategiyasi ekanligini ayta olasizmi?

Dialog amaliyoti

A: 김 과장님과 통화할 수 있을까요? | Menejer Kim bilan gaplashsam bo'ladimi?

B: 지금 사무실에 안 계시는데요. 메시지를 남기시겠습니까?
  U hozir ofisda emas. Xabar qoldirmoqchimisiz?

A: 네, 오늘 회의 장소는 총무부 회의실이라고 전해 주시겠습니까?
  Ha, yig'ilish bugun ma'muriyat bo'limining majlislar zalida bo'lib o'tishini etkaza olasizmi?

B: 네, 알겠습니다. 들어오시면 그렇게 전해드리겠습니다.
  Ha albatta. Qaytgandan keyin aytaman.

Bir qadam oldinga

회사에서 전화 업무를 볼 때 걸려온 전화를 같은 부서원이나 다른 부서원에게 바꾸어 주어야 하는 경우가 있다. 이런 상황에서는 다음과 같은 전화 업무 예절을 알아 두면 도움이 된다. 먼저 전화를 받을 사람이 누구인지 확인해야 한다. 그리고 전화를 연결할 때에는 상대방에게 들리지 않게 송화구를 손으로 막은 다음에 전화를 연결해야 한다. 또는 잠시 정지(hold) 버튼을 누르고 누구에게서 어떤 용건으로 전화가 왔는지 설명한 후에 연결하는 것이 좋다. 그리고 전화 연결이 어려운 경우에는 그 이유를 설명하고 양해를 구하는 것이 좋다. 끝으로 전화를 받을 사람의 직위와 이름을 알려주어야 한다.

Ba'zi hollarda qo'ng'iroqni o'sha bo'lim yoki boshqa bo'limdagi hamkasbingizga (부서원) o'tkazishingiz kerak bo'ladi. Agar siz quyidagi odob-axloq (예절) qoidalarini eslab qolsangiz, bu sizga katta yordam beradi. Avval qo'ng'iroqni kim qabul qilishi kerakligini tekshiring. Boshqa tomon qo'ng'iroqni o'tkazish uchun tugmalarni bosganingizni eshitmasligi uchun siz telefonni qo'lingiz (송화구) bilan yopishingiz kerak. Shu bilan bir qatorda, ulanishdan oldin pauza tugmasini (정지) bosish va kim qo'ng'iroq qilayotganini va qanday maqsadda (용건, so'zma-so'z: biznes, savol) ekanligini tushuntirish (설명하다) yaxshiroqdir. Va agar telefon orqali ulanish qiyin bo'lsa, sababini tushuntirib, tushunishni so'rash (양해를 구하다) yaxshidir. Nihoyat, siz chaqiriladigan shaxsning unvonini (직위) va ismini ko'rsatishingiz kerak.

5과에서 배운 중요 단어 확인하기 (5-bo'limdan asosiy lug'atni tekshirish)

 Quyidagi so'zlarning to'g'ri ma'nosini yozing

1. 회의실
2. 영업이익
3. 메시지
4. 공지
5. 참석여부
6. 안건
7. 담당자
8. 성함
9. 연락처
10. 방금

Bir xil ma'noga ega so'zlarni tanlang.

1. qoldiring (xabar)
2. sana va vaqt
3. jarayon (ish)
4. mahsulot
5. mijoz
6. ofisdan tashqarida ishlash
7. broshyura
8. jadval
9. telefonda gaplashish.
10. maqsad / savol (qo'ng'iroq)

- 외근
- 통화
- 용건
- 일시
- 일정
- 진행 상황
- 거래처
- 제품
- 설명서
- 남기다

5과에서 배운 중요 문형 표현을 문장으로 쓰고 말하기
(5-bo limda o'rganilgan iboralar yordamida gaplarni tarjima qiling.)

Nutq aylanadi

1. Men sizga jadvalni bildirish uchun qo'ng'iroq qilyapman.

2. Siz bizning mahsulot broshyurasini olganmisiz, deb qo'ng'iroq qilyapman.

3. Menejer yordamchisi Kim bilan gaplashsam bo'ladimi?

4. U hozir ishda emas.

5. Nima sababdan qo'ng'iroq qilyapsiz?

6. Qachon u bilan telefonda gaplasha olaman?

7. Aloqa raqamini qoldirmoqchimisiz?

8. Uchrashuv qayerda bo'lishini takrorlay olasizmi?

9. 10 nafar ishtirokchi bo'ladi, degan xabarni yetkaza olasizmi?

10. Siz hozir bo'lasizmi yoki yo'qmi, yana bir bor ishonch hosil qilmoqchiman.

Integratsiyalashgan amaliyot (종합 연습)

Ish bo'yicha qo'ng'iroq

Tegishli iborani qavs ichiga yozing.

대리: 네, 총무부 김 대리입니다.

과장: 안녕하세요? H회사 영업부 김 과장입니다.

1. (   )?

대리: 지금 2. (   ). 3. (   )?

과장: 네, 영업부 김 과장이 4. (   )?

제가 내일 오전 10시쯤에 다시 전화드리겠습니다.

대리: 5. (   )?

과장: 네, 내일 오전 10시에 다시 전화드리겠습니다.

대리: 네, 알겠습니다. 6. (   ).

Ishora:

1. Pakning menejeri bilan gaplashsam bo'ladimi?
2. U ofisdan tashqarida ishlaydi.
3. Xabar qoldirmoqchimisiz?
4. Siz qo'ng'iroq qilgan xabarni yubora olasizmi?
5. Vaqtni takrorlay olasizmi?
6. Men yetkazib qo'yaman.

○ ○ ○

업무 관련 이메일 쓰기

Elektron pochta orqali biznes yozishmalarini olib borish

01. ~(으)려고 이메일을 씁니다. / Men bu xatni ~ga yozyapman.

02. ~에 대해 문의드립니다. / Haqida so'ramoqchiman

03. ~을/를 보내주십시오. / Iltimos, ~ yuboring.

04. ~도 참조로 넣겠습니다. / Nusxaga ~ ni ham kiritaman.

05. ~을/를 첨부합니다. / Men biriktiraman (biriktiraman) ~.

06. ~을/를 ~에게 전달합니다. / Men ~(kimga) ~(nima)ni yuboraman.

07. ~은/는 다음과 같습니다. / ~ quyidagicha.

08. ~기를 바랍니다. / Sizga tilayman ~.

09. 부재중에는 ~에게 연락주십시오. /
    Agar men yo'q bo'lsam, ~ bilan bog'laning.

~(으)려고 이메일을 씁니다.

E-mail yuborish sababini tushuntirish uchun nutq

Nutq amaliyoti

일정을 확인하려고 이메일을 씁니다.
Men ushbu xatni jadvalni tekshirish uchun yozyapman.

발송 날짜를 확인하려고 이메일을 씁니다.
Men ushbu xatni yetkazib berish sanasini tekshirish uchun yozyapman.

회의 시간을 정하려고 이메일을 씁니다.
Men uchrashuvni rejalashtirish uchun ushbu xatni yozyapman.

부장님께 보고하려고 이메일을 씁니다.
Men bu xatni bosh direktorga hisobot berish uchun yozyapman.

Dialog amaliyoti

A: 다음주 회의 일정을 확인하려고 이메일을 쓰고 있습니다.
　　Men kelgusi hafta uchun uchrashuvlar jadvalini tekshirish uchun elektron pochta xabarini yozyapman.

B: 그럼, 참석 여부도 같이 확인해 보세요.
　　Unday bo'lsa, iltimos, davomatni tekshiring.

A: 네, 알겠습니다. 회의 일정과 참석자 수를 확인한 후에 바로 연락드리겠습니다.
　　Tushundim. Uchrashuv sanasi va ishtirokchilar sonini tekshirishim bilanoq siz bilan bog'lanaman.

B: 그럼, 확인 후에 이메일로 연락주세요.
　　Yaxshi, tekshirgandan so'ng menga elektron pochta xabarini yuboring.

Bir qadam oldinga

회사에서 업무로 이메일을 쓸 때 가장 중요한 것 중의 하나는 이메일 제목을 간결하게 쓰는 것이다. 이메일 제목만 보고도 이메일을 보내는 용건을 알 수 있도록 쓰는 것이 좋다. 따라서 한 눈에 이메일 내용을 알아볼 수 있도록 이메일 제목 앞에 다음과 같이 적는 것이 좋다. 예를 들면, [중요], [긴급], [보고], [협조], [문의], [제안], [회신요망] 등을 써 주면 받는 사람이 해야 할 일을 알 수가 있다. 앞으로는 이메일 제목을 쓸 때 다음과 같이 간결하게 적는 연습을 하는 것이 필요하다. 제목: ≪[회신 요망]회의 참석 여부 확인≫.

Kompaniyada ishlash uchun elektron xat yozishda eng muhim narsalardan biri bu qisqacha elektron pochta mavzusini yozishdir. Mavzu satriga qarab, nima yuborayotganingizni bilib olishingiz uchun elektron pochta xabarini yozish yaxshi. Shuning uchun, elektron pochta mazmunini bir qarashda aniqlash uchun elektron pochta mavzusining oldiga quyidagilarni yozish tavsiya etiladi. Misol uchun :[중요] ([Muhim]), [긴급] ([Shoshilinch ravishda]), [보고] ([Hisobot]), [협조] ([Hamkorlik]), [문의] ([So'rov]), [제안] ([Taklif]), [회신 요망] ([Javob talab qilish]). Keyingi safar e-pochta mavzusini yozganingizda, quyidagi usuldan foydalanib ko'ring: [Javob so'rash] Yig'ilishda ishtirok etishni tekshirish"

Elektron pochta xabarini yuborish sababini tushuntirish uchun nutq

Nutq amaliyoti

이메일 수신 여부에 대해 문의드립니다.
Siz xatni oldingizmi yoki yo'qmi deb so'ramoqchiman.

신상품에 대해 문의드립니다.　│　Men yangi mahsulot haqida so'ramoqchiman.

다음주 제품 전시회에 대해 문의드립니다.
Men kelgusi hafta mahsulot namoyishi haqida so'ramoqchiman.

주문 수량에 대해 문의드립니다.　│　Men buyurtma miqdori haqida so'ramoqchiman.

출장 일정에 대해 문의드립니다.　│　Men ish safari sanasi haqida so'ramoqchiman.

Dialog amaliyoti

A: 먼저 이메일로 주문 수량에 대해 문의드렸습니다.
　Men birinchi navbatda elektron pochta orqali buyurtma berish uchun so'rov yubordim.

B: 그럼, 언제쯤 정확한 수량을 알 수 있을까요?
　Qachon buyurtma miqdori haqida aniq ma'lumotga ega bo'lamiz?

A: 내일 오전까지 회신을 달라고 부탁드렸습니다.
　Men ertaga tushdan keyin javob berishni so'radim.

B: 그럼, 내일 확인한 후에 오전 중으로 연락주세요.
　Unda ertaga ma'lumotni tekshiring va ertalab men bilan bog'laning.

Bir qadam oldinga

한국에서는 1997년 5월 7일 ≪한메일(hanmail)≫이라는 무료 인터넷 웹메일 서비스를 시작하면서 이메일 사용이 상용화가 되었다. 이메일의 상용화 역사는 짧지만 현대에 들어서면서 이메일은 회사 업무를 위하여 없어서는 안 되는 중요한 도구가 되었다. 다음과 같은 이메일을 업무 이메일이라고 말할 수 있다. 첫째, 회사 공식 이메일주소로 발송된 이메일, 둘째, 이메일에 받을 수신자와 보내는 발신자가 명시되어 있는 이메일, 셋째, 발신을 한 이메일에 답변(회신)을 한 이메일인 경우에는 공식 업무 메일로 볼 수 있다.

Koreyada elektron pochtadan foydalanish (상용화) 1997-yil 7-mayda ≪한메일 (hanmail)≫ nomli bepul Internet veb-pochta xizmatining ishga tushirilishi bilan tijoratlashtirildi. Elektron pochtani tijoratlashtirish tarixi qisqa bo'lsa-da, elektron pochta zamonaviy davrda biznes faoliyati uchun ajralmas va muhim vositaga aylandi. Quyidagi kabi elektron pochta xabarlarini ish elektron pochtasi deb atash mumkin: Birinchidan, kompaniyaning rasmiy elektron pochta manziliga yuborilgan elektron xatlar, ikkinchidan, elektron pochtada qabul qiluvchi (수신자) va jo'natuvchi ko'rsatilgan (발신자) elektron xatlar, uchinchidan, chiquvchi elektron pochtaga javob (답변 / 회신) berilgan elektron xatlarini rasmiy biznes elektron pochtalari sifatida ko'rish mumkin..

~을/를 보내주십시오.

So'rov uchun nutq aylanishi

Nutq amaliyoti

견적서를 보내주십시오. │ Iltimos, to'lov uchun hisob-fakturani yuboring.

귀하의 이력서를 보내주십시오. │ Iltimos, o'z rezyumeyingizni yuboring.

제품 목록(카탈로그)을 보내주십시오. │ Iltimos, mahsulot katalogingizni yuboring.

부장님의 최종 의견을 보내주십시오. │ Yakuniy qarorni bosh direktorga yuboring.

Dialog amaliyoti

A: H회사 모집 공고를 보고 전화드렸습니다. 어떤 서류를 준비해야 합니까? │
Men H kompaniyasiga ishga qabul qilish haqida e'lon haqida qo'ng'iroq qilyapman.
Qanday hujjatlar tayyorlanishi kerak?

B: 네, 먼저 지원서와 이력서를 보내주십시오. │
Boshlash uchun iltimos, ariza yuboring va rezyumeni yuboring.

A: 자격증도 보내야 하나요? │ Men sertifikatlarimni topshirishim kerakmi?

B: 네, 스캔하여 이메일로 첨부해서 보내주십시오. │
Ha, xatga ilova qilish orqali skanerlangan nusxalarni yuboring.

Iltimos, ~ yuboring.

 **Bir qadam oldinga**

회사에서 이메일로 업무를 볼 때 업무 관련 자료를 파일로 첨부하게 된다. 회사에서 파일을 보낼 때 확인해야 하는 것들이 있다. 먼저 보내는 파일 용량이 큰 경우에는 파일을 압축하여 용량을 적게 만들어 보내는 것이 좋다. 그리고 보내는 파일의 형태도 고려하는 것이 좋다. 예를 들면, 해외에 있는 한국지사에 파일을 보낼 경우에는 한글 문서로 보내게 되면 읽을 수 없다. 그 이유는 한글 문서를 읽을 수 있는 프로그램이 없는 경우가 많기 때문이다. 따라서 해외에 있는 기업에 파일을 보낼 때는 PDF 파일 형태로 보내거나 상대방에게 미리 확인하고 보내는 이 좋다.

Kompaniyada elektron pochta orqali ishlaganingizda, ish bilan bog'liq materiallarni fayl sifatida biriktirasiz (첨부). Kompaniyangizdan fayllarni yuborishda tekshirishingiz kerak bo'lgan narsalar mavjud. Avvalambor, agar yuboriladigan fayl hajmi katta bo'lsa, faylni hajmini (파일 용량) qisqartirish va yuborish uchun uni siqib qo'yish yaxshidir. Yuborilayotgan fayl formatini ham ko'rib chiqish yaxshi fikr. Misol uchun, chet eldagi Koreya filialiga fayl yuborsangiz, uni Koreya hujjati sifatida yuborsangiz, uni o'qiy olmaysiz. Sababi, Hangul hujjatlarini o'qiy oladigan dastur mavjud bo'lmagan holatlar ko'p. Shuning uchun, faylni chet eldagi kompaniyaga yuborayotganda, uni PDF-fayl shaklida (파일 형태) yuborish yoki yuborishdan oldin boshqa tomon bilan tekshirish yaxshiroqdir.

04

~도 참조로 넣겠습니다.

Qabul qiluvchini uglerod nusxasiga yoki ko'r uglerod nusxasiga kiritish uchun elektron pochtada ishlatiladigan nutq

 **Nutq amaliyoti**

부장님과 과장님도 참조로 넣겠습니다.
Men bosh direktor va menejerni ham nusxaga qo'yaman.

김 대리도 참조로 넣겠습니다. | Men ham menejer yordamchisi Kimni nusxaga qo'yaman.

부서원도 모두 참조로 넣겠습니다. | Men barcha bo'lim xodimlarini nusxaga qo'yaman.

거래처 김 부장님도 참조로 넣겠습니다.
Mijoz kompaniyasining bosh direktori Kimni ham nusxaga qo'yaman.

 **Dialog amaliyoti**

A: 내일부터 러시아로 출장을 갈 겁니다.
　 Ertaga men Rossiyaga xizmat safariga ketyapman.

B: 출장 중에 이메일 확인이 가능하신가요?
　 Ish safari paytida elektron pochtangizni tekshira olasizmi?

A: 이메일 확인이 어려울 겁니다. 이메일을 보낼 때 김 대리를 참조로 넣어주세요.
　 그럼, 김 대리가 대신 회신을 할 겁니다.
　 Elektron pochtani tekshirish qiyin bo'ladi. Elektron pochta xabarini yuborishda menejer yordamchisi Kimdan nusxa oling. U men uchun javob beradi.

B: 네, 김 대리도 참조로 넣겠습니다.
　 Mayli, menejer yordamchisi Kimni ko'chirib olaman.

Bir qadam oldinga

회사 업무로 이메일을 쓰거나 문서를 작성할 때, 자주 사용하는 표현이 ≪참고(參考, Reference)하세요≫, ≪참조(參照, Reference)하세요≫이다. 두 표현은 의미가 다르게 사용되기 때문에 바르게 이해하는 것는 필요하다. 일반적으로 이메일을 쓸 때는 ≪아래와 같이 참조하시기 바랍니다≫, ≪자료를 송부하니 참조하십시오≫ 등으로 ≪참조≫를 사용하는 경우가 있다. 이 표현은 잘못 사용한 표현이다. ≪참조≫ 는 비교하여 대조해 본다는 뜻으로 ≪첨부 문서 참조≫, ≪관련 기사 참조≫, ≪부록 참조≫ 등의 의미로 ≪참조≫를 사용해야 한다. ≪참고≫는 살펴서 생각하십시오라는 뜻이다. 그러므로 이메일을 쓸 때는 ≪참조하시기 바랍니다≫가 아니고, ≪참고하시기 바랍니다≫ 또는 ≪아래와 같이 참고하시기 바랍니다≫라고 쓰는 것이 맞는 표현이다.

Kompaniya ishi uchun elektron pochta yoki hujjatlarni yozishda tez-tez ishlatiladigan iboralar ≪참고(參考, Reference)하세요≫ va ≪참조(參照, Reference)하세요≫ dir. Ikki ibora turli ma'noda qo'llangani uchun ularni to'g'ri tushunish kerak. Umuman olganda, elektron pochta xabarlarini yozishda ≪iltimos, quyidagi ma'lumotlarga e'tibor bering≫ yoki ≪Iltimos, yuborilgan ma>lumotlarga e'tibor bering≫ kabi ≪참조≫ qo>llaniladi. Bu ibora noto'g'ri ishlatilgan. ≪참조≫ solishtirish va boshqa ma'lumotlarga murojaat qilish ma'nosida qo'llaniladi, ≪첨부 문서 참조≫≪ilova qilingan hujjatga qarang≫, ≪관련 기사 참조≫ ≪tegishli maqolaga qarang≫, ≪부록 참조≫ ≪ilovaga qarang≫ va hokazo ma'nolarida ≪참조≫ishlatilishi kerak. ≪참고≫tadqiq qilish va o'ylash demakdir. Shuning uchun elektron pochta xabarini yozishda ≪참조하시기 바랍니다≫ deb emas, ≪참고하시기 바랍니다≫ va yana ≪아래와 같이 참고하시기 바랍니다≫ deb yozish to'g'ri bo'ladi.

05

~을/를 첨부합니다.

Faylni xatga biriktirish uchun nutq aylanishi.

Nutq amaliyoti

제품 목록을 첨부합니다.	Mahsulotlar ro'yxati ilova qilingan.
오늘 회의록을 첨부합니다.	Yig'ilish bayonnomasi ilova qilinadi.
부장님 일정을 첨부합니다.	Bosh direktorning ish jadvali ilova qilingan.
부서 계획서를 첨부합니다.	Harakat rejasi ilova qilingan.

Dialog amaliyoti

A: 오늘 회의 내용을 부서원에게 알리세요.
Iltimos, bugungi uchrashuv tafsilotlarini bo'lim xodimlari bilan baham ko'ring.

B: 네, 알겠습니다. 이메일로 알리겠습니다.
Yaxshi. Tafsilotlarni pochta orqali yuboraman.

A: 회의록도 꼭 첨부하세요.
Iltimos, yig'ilish bayonnomasini ilova qilishni unutmang.

B: 네, 이메일에 오늘 회의록을 첨부하겠습니다.
Ha, bugungi uchrashuv bayonnomasini elektron pochtaga ilova qilaman.

Bir qadam oldinga

이메일에서 숨은참조(Bcc: behind / blind carbon copy)는 보내는 사람이 받는 사람에게는 비밀로 하고 다른 누군가에게 메시지의 내용을 알리고 싶을 때 사용게 된다. 보통 사람들이 숨은참조 기능을 필요없는 기능이라 생각하고 거의 사용하지 않지만 필요한 경우도 있다. 예를 들면, 부서원들의 개인 정보가 회사 전체로 노출될 경우에는 큰 문제가 발생할 수 있기 때문이다. 따라서 다른 부서원들이 서로 알지 못하는 경우, 또는 개인의 이메일주소 정보를 보호하기 위하여 전체 공지를 할 때 숨은참조로 보내는 것이 좋다.

Yashirin ko'rinish (숨은 참조) jo'natuvchi xabar mazmunini bir nechta odamga jo'natmoqchi bo'lsa, lekin qabul qiluvchilarni maxfiy saqlamoqchi bo'lganda foydalaniladi. Odatda odamlar yashirin ko'rinish funksiyasi (가능) mantiqiy emas deb o'ylashadi va undan foydalanmaydilar, lekin bu juda qulay bo'lishi mumkin. Misol uchun, xodimlarning shaxsiy ma'lumotlarini (노출) oshkor qilish tufayli katta muammo paydo bo'lishi (발생하다) mumkin. Shuning uchun, shaxsiy elektron pochta manzillarini himoya qilish (보호하다) uchun yoki xodimlar bir-birini tanimasa, elektron pochta xabarlarini yuborishda yashirin ko'rinish funksiyasidan foydalanish foydali bo'ladi.

06

~을 /를 ~에게 전달합니다.

Ma'lumotni xodimlarga etkazish uchun elektron pochta xabarlarida ishlatiladigan nutq

Nutq amaliyoti

이메일을 프로젝트 담당자에게 전달합니다.
Men loyiha menejeriga elektron pochta xabarini yuboraman.

회의 내용을 동료들에게 전달합니다. | Uchrashuv protokollarini hamkasblarga yuboring.

회의 안건을 부장님에게 전달합니다. | Uchrashuv kun tartibini menejerga yuborish.

팀장님이 회사 공지를 부서원에게 전달합니다.
Guruh rahbari bo'lim xodimlariga kompaniya xabarnomasini yuboradi.

Dialog amaliyoti

가: 아직 영업부 김 과장님에게 회신을 못 받았습니다.
   Kimning savdo menejeridan hali javob olmadim.

나: 김 과장님은 러시아 출장 중이어서 회신이 어려울 겁니다. 저에게 말씀하세요.
   Kimning menejeri Rossiyada xizmat safarida, shuning uchun unga javob berish qiyin.
   Iltimos, men bilan gaplashing.

가: 다음달까지 H회사 주문 수량을 확인해 주시길 바랍니다.
   Kelgusi oygacha H kompaniyasining buyurtma miqdorini tekshirishingizni so'rayman.

나: 네, 말씀하신 내용을 김 과장님에게 전달하겠습니다.
   Men sizning so'rovingizni menejer Kimga yuboraman.

Bir qadam oldinga

회사에서 업무를 보면서 내용을 전달하기 위하여 이메일, 전화, 메신저 등을 주로 사용하고, 직접 보고와 같이 구두로 전달하는 방법도 있다. 중요도가 높지 않을 경우에는 이메일이나 메신저를 사용하여 내용을 전달하게 된다. 하지만 중요도가 높을 경우에는 전화를 하거나 직접 만나서 내용을 전달하게 된다. 그렇지만 내용을 전달 받을 사람이 자리에 없는 경우에는 중요도가 높아도 이메일로 업무를 전달해야 하는 경우도 있다. 따라서 회사 내에서는 상황에 맞는 전달 방법으로 중요한 업무 내용을 전달하는 것이 필요하다.

Ish bilan bog'liq har xil turdagi kontent va tafsilotlar turli yo'llar bilan uzatilishi mumkin: elektron pochta, telefon suhbatlari, messenjer yoki shaxsiy hisobot (구두로 전달하다 tom ma'noda, og'zaki). Odatda muhim bo'lmagan kontentni elektron pochta yoki messenjer orqali baham ko'rish mumkin. Boshqa tomondan, katta ahamiyatga ega bo'lgan tafsilotlar telefon orqali suhbat yoki to'g'ridan-to'g'ri uchrashuv orqali yetkaziladi. Biroq, ma'lumotni olishi kerak bo'lgan shaxs saytda bo'lmagan holatlar mavjud, bu holda muhim ma'lumotlar elektron pochta orqali uzatiladi.

07

~은 / 는 다음과 같습니다.

Tafsilotlarni xabardor qilish uchun nutq aylanmasi

Nutq amaliyoti

다음 달 회의 일정은 다음과 같습니다. │ Kelgusi oy uchun uchrashuv taqvimi quyidagicha.

담당자 연락처는 다음과 같습니다. │
 Mas'ul shaxsning aloqa ma'lumotlari quyida keltirilgan.

오늘 회의 안건은 다음과 같습니다. │ Bugungi yig'ilish kun tartibi quyidagicha.

저희 회사 영업 이익은 다음과 같습니다. │ Kompaniyamizning joriy foydasi quyidagicha.

Dialog amaliyoti

A: 고객 센터 연락처는 어떻게 되나요? │
  Mijozlarga xizmat ko'rsatish markazining telefon raqami nima?

B: 회사 홈페이지 아래를 보면 확인할 수 있습니다. 연락처는 다음과 같습니다.
  + 82 888 888 8282입니다. │
  Siz uni kompaniyaning bosh sahifasining pastki qismida topishingiz mumkin. Aytib
  turaman: + 82 888 888 8282.

A: 네, 알겠습니다. 안내 고맙습니다. │ Yaxshi. Yordamingiz uchun rahmat.

B: 더 필요하신 내용이 있습니까? │ Sizga yordam beradigan boshqa narsa bormi?

A: 아니요, 없습니다. │ Yo'q.

~ quyidagicha.

Bir qadam oldinga

업무 이메일을 쓴 후에는 서명을 붙이는 것이 중요하다. 그 이유는 상대방에게 신뢰를 줄 수 있기 때문이다. 일반적으로 서명에는 이름, 직책, 부서, 회사, 주소, 이메일 주소, 연락처 (전화번호, 팩스번호) 등을 적는다. 이메일에 서명을 자동적으로 사용할 수 있도록 저장해 두는 것도 좋은 방법이다. 하지만 거래처 담당자에게 여러 번 답장 이메일을 보낼 때에는 두 번째로 보내는 이메일부터는 서명을 붙이지 않는 것이 좋다. 서명은 이메일에서 작은 부분이라고 생각할 수도 있지만 상대방에게 본인을 알리는 중요한 부분이다.

Elektron pochta xabarini yozganingizdan so'ng, imzo (서명) qo'shish muhimdir. Sababi, u qabul qiluvchiga xatga ishonishga (신뢰) yordam berishi mumkin. Odatda imzoda ism, lavozim, bo'lim, kompaniya nomi, manzili, elektron pochta manzili va aloqa ma'lumotlari (telefon raqami, faks raqami) ko'rsatiladi. Avtomatik foydalanish uchun imzoni saqlash ham foydalidir. Shu bilan birga, mijozning mas'ul shaxsi (거래처 담당자) bilan doimiy aloqada bo'lganingizda, ikkinchi elektron pochtadan imzo chekmaslik tavsiya etiladi. Imzo elektron pochtaning kichik bir qismi deb o'ylashingiz mumkin; ammo, bu sizning kimligingiz haqida oluvchiga xabar beradigan muhim qismdir.

~기를 바랍니다.

Tilaklar uchun nutq

Nutq amaliyoti

휴가 잘 보내시기를 바랍니다. │ Dam olish kunlarini yaxshi o'tkazishingizni tilayman.

새로운 한 주를 즐겁게 맞이하시기를 바랍니다. │
Yangi haftani omadli boshlashingizni tilayman.

모든 일이 잘 되길(되시기를) 바랍니다. │ Umid qilamanki, hammasi reja bo'yicha ketadi.

건승하시기를 바랍니다. │ Sizga sihat-salomatlik tilayman.

Dialoglarni mashq qilish

A: 김 과장님이 인사부에서 영업부로 이동하셨습니다. │
Kimning menejeri inson resurslaridan savdo bo'limiga o'tdi.

B: 아, 그래서 김 과장님에게 ≪건승하세요≫라고 인사를 했군요. │
A, shuning bo'lim boshlig'i Kimga: "Sog'lik tilayman", debsizda.

A: 네, 하지만 ≪건승하세요≫는 틀린 표현이라고 합니다.
≪건승하시길 바랍니다≫가 맞는 표현이라는군요. │
Ha, lekin ular ≪Sog'lom bo'l≫ deyishadi. bu noto'g'ri ifoda.
To'g'ri bo'lardi: ≪Sog'lik tilayman≫.

B: 네, 앞으로는 ≪건승하시길 바랍니다≫라고 말해야겠네요. │
Tushundimki, keyingi safar men "Sog'lik tilayman" dan foydalanaman.

Sizga tilayman ~.

Bir qadam oldinga

회사에서 부서원이 다른 부서로 이동을 하거나 회사를 옮길 경우에 자주 사용하는 표현이 있다. ≪건승하세요≫라는 표현이다. 사전에 있는 건승의 의미는 ≪탈 없이 건강하다≫이다. 건강하다거나 튼튼하다는 뜻의 ≪건≫(健)과 이기다 혹은 견디다는 뜻의 ≪승≫(勝)이 결합한 한자어다. 하지만 형용사이기 때문에 ≪건승하세요≫는 잘못 된 표현이다. 바른 표현은 ≪건승하시기 바랍니다≫, ≪건승하시기를 기원합니다≫ 등으로 사용해야 한다. 다음부터 이메일 끝 인사로 건승을 사용할 때는 ≪앞으로 건승하시기를 바랍니다≫라고 사용하는 것이 맞는 표현이다.

Bo'lim a'zosi boshqa bo'limga o'tganda yoki kompaniyani ko'chirganda kompaniyada tez-tez ishlatiladigan ibora mavjud. Bu ≪건승하세요≫ (≪sog <bo>ling≫) iborasi. Lug'atda ≪건승≫ ≪kasalliksiz sog'lom≫ degan ma'noni anglatadi. Bu xitoycha belgi bo'lib, sog'lom yoki kuchli degan ma'noni anglatuvchi ≪건≫(健) va (sog'lom va kuchli) degan ma'noni anglatuvchi ≪승≫ (bu "g'alaba qozonish yoki omon qolish" degan ma'noni anglatadi) o'z ichiga oladi. Biroq, bu sifatdosh bo'lgani uchun, ≪건승하세요≫(sog' bo'ling) noto'g'ri. To'g'ri ibora ≪건승하시기 바랍니다≫ ≪sizga sog>liq tilayman≫, ≪건승하시기 를 기원합니다≫ ≪Yaxshi bo'lishingizni so'rayman≫ kabi ishlatilishi kerak. Bundan buyon, elektron xat oxirida salomlashishdan foydalanganda, ≪앞으로 건승하시기를 바랍니다≫ degan so'zni ishlatish to'g'ri bo'ladi.

Yo'qolganlarning o'rnini kim egallashi haqida xabar berish uchun nutq.

Nutq amaliyoti

저의 부재중에는 김 주임에게 연락주십시오.
Agar men bo'lmasam, katta mutaxassis Kim bilan bog'laning.

저의 부재중에는 부서 담당자에게 연락주십시오.
Agar men bo'lmasam, mas'ul bo'limga murojaat qiling.

저의 부재중에는 제 비서에게 연락주십시오.
Agar men bo'lmasam, kotibim bilan bog'laning.

저의 부재중에는 부서원 모두에게 연락주십시오.
Agar men bo'lmasam, bo'limimizning istalgan a'zosi bilan bog'laning.

Dialog amaliyoti

A: 다음주 월요일부터 출장이 잡혀 있습니다.
　　Kelgusi hafta dushanbadan ish safarim bor.

B: 중요한 일이 있으면 어떻게 연락을 드려야 하나요?
　　Agar shoshilinch narsa bo'lsa, qanday qilib bog'lanishim mumkin?

A: 저의 부재중에는 함께 프로젝트를 진행하는 김 대리에게 연락주십시오.
　　Agar men u erda bo'lmasam, loyiha ustida ishlayotgan menejer yordamchisi Kim bilan
　　bog'laning.

B: 네, 알겠습니다. ｜ Hop, tushundim.

Bir qadam oldinga

≪지금 회의 중입니다.≫에서 ≪중≫은 띄어 쓰는 것이 맞다. 한 단어가 아니고 앞 말과 띄워써야하는 의존명사이기 때문이다. 그러면 ≪부재 중≫과 ≪부재중≫ 중에서는 어떤 띄워쓰기가 맞을까? 먼저 답을 이야기하면 ≪부재중(不在中, be out of office)≫이 맞는 띄어쓰기이다. 부재중은 한 단어로 집이나 직장 등 특정 장소에 있지 않다는 것을 의미한다. 따라서 부재중으로 붙여쓰는 것이 맞다. 몇 가지 예를 들면, ≪근무 중입니다≫, ≪출장 중입니다≫, ≪외근 중입니다≫와 ≪한밤중, 병중, 무의식중≫ 등으로 말할 수 있다.

≪Men hozir yig'ilishdaman≫ da ≪중≫ oralig>idan foydalanish to>g>ri. Buning sababi shundaki, u bitta so>z emas, balki oldingi so>z bilan birga bo>lishi kerak bo>lgan bog>liq ot. Xo'sh, ≪부재 중≫ va ≪부재중≫ o>rtasida qaysi interval to'g'ri? Avvalo, agar siz javob haqida gapiradigan bo'lsangiz, ≪부재중 (不在 中, ofisda bo'lmaslik / yo'q)≫ - bu to'g'ri interval. ≪부재중≫ - bu ma'lum bir joyda, masalan, uyda yoki ishda emasligingizni bildiruvchi so'z. Shuning uchun uni bo'sh joy qoldirmasdan bir so'z bilan yozish to'g'ri. Mana bir nechta misollar: "근무 중 입니다" ("Men ishdaman / ishlayapman"), "출장 중입니다" ("Men xizmat safaridaman"), "외근 중입니다" ("Men ofisdan tashqarida ishlayman") va "한밤중" ("tun yarmi"), "병중" ("kasal bo'lganida"), "무의식중" (≪hushsiz bo'lmoq≫

6과에서 배운 중요 단어 확인하기(6-bo'limdan asosiy lug'atni tekshirish)

Quyidagi so'zlarning to'g'ri ma'nosini yozing

1. 발송
2. 보고
3. 수신
4. 수량
5. 신상품
6. 전시회
7. 회신
8. 견적서
9. 지원서
10. 이력서

Bir xil ma'noga ega so'zlarni tanlang

1. ko'rish
2. bo'lim xodimlari
3. kotib
4. ilova
5. qo'ng'iroq
6. sog'lom bo'lish
7. harakat
8. ofisdan tashqarida bo'lish
9. mijozlarga xizmat ko'rsatish markazi
10. yig'ilish protokoli

- 참조
- 첨부
- 회의록
- 부서원
- 고객센터
- 부재중
- 비서
- 연락하다
- 건승하다
- 이동하다

6과에서 배운 중요 문형 표현을 문장으로 쓰고 말하기
(6-bo limda o'rganilgan iboralar yordamida gaplarni tarjima qiling.)

Nutq amaliyoti

1. Jadvalni tekshirish uchun xat yozyapman.

2. Buni tekshirishim bilanoq siz bilan bog'lanaman.

3. Sizga elektron pochta xabari kelganmi, deb so'ramoqchiman.

4. Ertaga ertalab siz bilan bog'lanaman.

5. Qanday hujjatlarni tayyorlashim kerak?

6. Iltimos, ariza va rezyumeni yuboring.

7. Elektron pochta xabarini yuborganingizda, iltimos, menejer yordamchisi Kimdan nusxa oling.

8. Men mahsulotlar ro'yxatini qo'shaman.

9. Aloqa ma'lumotlari quyidagicha...

10. Agar men u erda bo'lmasam, kotibim bilan bog'laning.

biznes elektron pochta

Tegishli iborani qavs ichiga yozing.

대리: H회사 주문 수량을 확인했어요?

신입사원: 아직 확인을 못했습니다. 지난주에 1. (   ).

대리: 그럼, 다시 확인해 보세요. 그리고 2. (   ).

신입사원: 네, 알겠습니다.

(확인 후)

대리: 어떻게 되었습니까?

신입사원: 네, 3. (   ).

대리: 그럼, 이메일로 4. (   ).

신입사원: 네, 알겠습니다.

Ishora:

1. Men elektron pochta xabarini yubordim, ammo javob bo'lmadi.
2. Maktubni jo'natganingizda menga nusxa ko'chiring.
3. Mas'ul shaxs yo'q, shuning uchun menejer Kim javob berdi.
4. Menga menejer Kimning javobini yuboring.

Hisobot va avtorizatsiya
업무 보고와 결재 받기

● ○ ○

보고서 보고와 결재 요청하기
Hisobotni tuzish va tasdiqlashni so'rash

01. ~은/는 잘 진행되고 있습니까? / Jarayon ~ yaxshi ketyaptimi?

02. ~까지 ~을/를 마무리하겠습니다. / Men ~ni ~ dan oldin tugataman.

03. 늦어도 ~까지 제출하겠습니다. / Men ~dan kechikmay topshiraman.

04. ~에 관한 보고서 결재 부탁드립니다. /
     Iltimos, ~ haqidagi hisobotni tasdiqlang.

05. ~을/를 다시 한번 확인하겠습니다. / Men yana ~ tekshiraman.

Ishning borishini tasdiqlash uchun ifoda

Nutq amaliyoti

FDA(식품 및 의약품 관리) 승인 준비는 잘 진행되고 있습니까?
FDA (Oziq-ovqat va farmatsevtika idorasi) tasdiqlashiga tayyorgarlik qanday ketmoqda?

ISO 9001(국제표준기구) 인증은 잘 진행되고 있습니까?
ISO 9001 (xalqaro standart) sertifikati muvaffaqiyatli o'tdimi?

그 프로젝트는 잘 진행되고 있습니까? | Ushbu loyiha davom etmoqdami?

제품 발송은 잘 진행되고 있습니까? | Yuk tashish yaxshi ketyaptimi?

보고서는 잘 진행되고 있습니까? | Hisobotni tayyorlash yaxshi ketyaptimi?

Dialog amaliyoti

A: 모니카, 다음주까지 ISO 9001 인증을 받아야 합니다.
인증 준비는 잘 진행되고 있습니까?
Monika, biz keyingi haftagacha ISO 9001 sertifikatini olishimiz kerak.
Sertifikatni olishga tayyorgarlik yaxshi ketyapdimi?

B: 네, 김 과장님하고 최종 절차를 확인하고 있습니다. 이번주까지는 끝낼 수 있을 겁니다.
Ha, men va menejer Kim yakuniy protsedurani ko'rib chiqmoqdamiz.
Shu hafta oxirigacha yakunlaymiz.

A: 혹시 도움이 필요하면 총무부에 연락하세요.
Agar sizga yordam kerak bo'lsa, ma'muriyatga murojaat qiling.

B: 네, 확인이 늦어지면 바로 연락하겠습니다.
Ha, agar biz rejadan ortda qolgan bo'lsak, biz ular bilan bog'lanamiz.

 **Bir qadam oldinga**

≪부장님에게 결재를 맡았다≫, ≪부장님이 카드대금을 결제했다≫에서 결재와 결제는 다른 의미의 단어이다. 직장인들이 이 두 단어를 잘못 사용하여 실수를 하는 경우가 있다. 결재(決裁, approval)는 업무의 담당자에게 직원이 제출한 안건에 대하여 승인이나 허가를 받는 것을 말한다. 예를 들면, ≪결재를 받다≫, ≪결재하다≫, ≪결재가 되다≫, ≪결재가 나다≫ 등의 표현을 사용한다. 결제(決濟, payment)는 돈을 주고 거래 관계를 마치는 것을 의미한다. 예를 들면, ≪카드 결제를 하다≫, ≪대금 결제를 하다≫ 등의 표현으로 사용한다.

Ikki so'z ≪결재≫ и ≪결제≫ iboralari ≪부장님에게 결재를 맡았다≫ (≪Men bosh direktordan imzo chekishni so'radim≫), ≪부장님이 카드대금을 결제했다≫ (≪Bosh direktor karta to'lovini amalga oshirdi≫) kabi turli hil ma'noga ega.. Ofis xodimlari ko'pincha bu ikki so'zni noto'g'ri ishlatishadi.. 결재 (決裁, bayonot / ruxsat) xodim tomonidan taqdim etilgan muayyan masala bo'yicha yuqori yoki rahbariyatdan rozilik yoki ruxsat olishni anglatadi. Mana bir nechta misollar: ≪결재를 받다≫ (≪roziligini olish≫), ≪결재하다≫ (≪ma'qullash / ruxsat berish≫), ≪결재가 되다≫ (≪ma'qullash / ruxsat berish≫), ≪결재가 나다≫ (≪tasdiqlash / ruxsat berilgan≫). 결제 (決濟, to'lov) pul to'lash orqali operatsiyani bajarishni anglatadi. Masalan: ≪카드 결제를 하다≫ (karta to'lovini amalga oshirish), ≪대금 결제를 하다≫ (To'lovni amalga oshirish).

~까지 ~을/를 마무리하겠습니다.

Ishning belgilangan sanagacha bajarilishini ifodalash

Nutq amaliyoti

다음주 월요일까지 보고서를 마무리하겠습니다.
Men hisobotni keyingi hafta dushanba kuni tugataman.

다음주 화요일까지 제품 발송을 위한 준비를 마무리하겠습니다.
Men kelasi hafta seshanba kunigacha mollarni jo'natishga tayyorgarlikni tugataman.

이번주까지 회의 준비를 마무리하겠습니다.
Uchrashuvga tayyorgarlikni shu hafta oxirigacha tugataman.

10월 9일까지 프로젝트를 마무리하겠습니다. Loyihani 9 oktyabrgacha tugataman.

Dialog amaliyoti

A: 미샤, 언제까지 보고서를 제출할 수 있습니까? Masha, qachon hisobot topshirasiz?

B: 네, 늦어도 이번주 목요일까지 보고서를 마무리하겠습니다.
Men hisobotni shu haftaning payshanba kunidan kechiktirmay tugataman.

A: 먼저 검토를 하고 김 부장님께 결재를 받기 전에 함께 다시 한번 검토해 봅시다.
Avval uni tekshirishingiz kerak. Kimning bosh menejeri roziligini olishdan oldin hisobotni birgalikda ko'rib chiqaylik.

B: 네, 되도록 빨리 마치고 말씀드리겠습니다.
Ha, men tugataman va imkon qadar tezroq sizga xabar qilaman.

Men ~ni ~ dan oldin tugataman.

Bir qadam oldinga

회사 업무를 보면서 상사에게 중간 결과를 보고하거나 회의 후에 정보를 공유하기 위하여 보고서를 쓰게 된다. 보고서 결재를 받기 위해서는 업무 사안의 중요도에 따라서 부서장이나 임원에게 결재를 받아야 한다. 결재를 다른 용어로 ≪품의(稟議)≫라고도 사용한다. 품의의 사전적 의미는 ≪윗사람이나 상사에게 여쭙고 의논한다≫는 뜻이다. 따라서 품의 준비는 결재를 받기 위하여 보고서를 준비하는 것을 말한다. 그리고 보고서 끝에 자주 사용하는 ≪~검토 후에 재가(裁可) 바랍니다≫에서 재가는 결재와 같은 의미로 자주 사용하는 표현이다. 그러므로 ≪~검토 후에 결재 바랍니다≫라고도 사용할 수 있다.

Ba'zan yig'ilishdan keyin ma'lumot almashish yoki yuqori lavozimli xodimga oraliq natijalar haqida hisobot berish uchun hisobot yozishingiz kerak.. Muammoning muhimligiga qarab, bo'lim boshlig'i yoki rahbariyatning roziligini olish kerak bo'lishi mumkin. Avtorizatsiya uchun yana bir so'z - ≪품의(稟議)≫. Lug'atda ≪품의≫ so'zining ma'nosi -kattalardan so'rash va maslahatlashish (여쭙고 의논한다). Shuning uchun, tayyorgarlik ≪품의≫ ruxsat olish uchun hisobot tayyorlashni anglatadi. Va bunday hisobotning oxirida ibora ko'pincha ishlatiladi: ≪~검토 후에 재가(裁可) 바랍니다≫ (≪Iltimos, hisobotni ko'rganingizdan so'ng ruxsat bering≫), ichida ≪재가≫ va ≪결재≫ bir xil ma'noga ega. Siz ham yozishingiz mumkin: ≪~ 검토 후에 결재 바랍니다≫.

늦어도 ~까지 제출하겠습니다.

Hujjatlarni topshirish muddatidan oldin yakunlash niyatini bildirish

Nutq amaliyoti

늦어도 내일까지 제출하겠습니다. │ Ertaga (ertadan kechiktirmay) topshiraman.

늦어도 오후까지 제출하겠습니다. │ Men bugun jo'natib yuboraman (bugun tushdan keyin).

늦어도 다음달까지 제출하겠습니다. │ Men keyingi oydan kechiktirmay jo'nataman.

늦어도 이번달 말까지 제출하겠습니다. │ Men shu oyning oxiridan kechiktirmay jo'nataman.

Dialog amaliyoti

A: 거래처 제품 목록은 어떻게 되어가고 있습니까? │
　　Mijoz uchun narsalar ro'yxati qanday?

B: 네, 보고 시간을 맞추기 위해서 최선을 다하고 있습니다.
　　늦어도 내일 아침까지는 제출하겠습니다. │
　　Belgilangan muddatga rioya qilish uchun qo'limdan kelganini qilaman.
　　Ertaga ertalabdan kechiktirmay yetkazib beraman.

A: 서둘러 주세요. 그래야 오후에 결재를 받을 수 있습니다. │
　　Iltimos, shoshiling. Agar hisobot ertalab topshirilsa, biz faqat tushdan keyin ruxsat
　　olishimiz mumkin.

B: 네, 알겠습니다. │ Hop yaxshi

Bir qadam oldinga

한국 회사에서 결재를 받을 때 자주 사용하는 용어는 기안(起案)과 상신(上申)이다. 최근에는 한국기업에서 전자결재 시스템으로 결재를 하는 경우가 늘고 있는데 결재문서 상신이라는 용어를 쉽게 볼 수 있다. 일반적으로 결재자에게 결재문서 정보가 포함된 알림 이메일을 다음과 같이 보내진다. ≪[결재 상신] 결재가 요청 되었습니다≫. 상신의 사전적 의미는 윗사람에게 일에 대한 의견이나 내용을 말이나 글로 보고하는 것을 의미하고 기안의 사전적 의미는 업무를 위하여 세운 계획을 문서로 만드는 일을 의미한다.

Ruxsat olishda, shu kabi so'zlar mavjud: 기안(起案) va 상신(上申). Hozirgi kunda Koreya kompaniyalarida avtorizatsiya ko'pincha elektron tizim orqali amalga oshiriladi va "avtorizatsiya hisoboti" (≪결재문서 상신≫) atamasini osongina topish mumkin. Odatda, avtorlovchi quyidagi tarzda avtorizatsiya so'rovini o'z ichiga(포함하다) olgan elektron pochta xabarnomasini oladi.: ≪[결재 상신] 결재가 요청 되었습니다. ≫ ([Avtorizatsiya hisoboti] Avtorizatsiya talab qilinadi). ≪상신≫ning lug'aviy ma'nosi - u biror masala bo'yicha mazmun yoki fikr to'g'risida kattalarga yozma yoki og'zaki xabar berish bo'lib, ≪기안≫ning lug'aviy ma'nosi ishni amalga oshirish rejasini o'z ichiga olgan hujjatdir.

~에 관한 보고서 결재 부탁드립니다.

Tasdiqlash so'rovi

Nutq amaliyoti

주문 확인에 관한 보고서 결재를 부탁드립니다.
Buyurtmani tasdiqlash hisobotini tasdiqlang.

상품에 관한 보고서 결재 부탁드립니다.
Iltimos, mahsulot hisobotini tasdiqlang.

특별수당에 관한 결재 부탁드립니다.
Maxsus qabulni tasdiqlash to'g'risidagi hisobotni tasdiqlashingizni so'rayman.

프로젝트에 관한 보고서 결재 부탁드립니다.
Iltimos, loyiha hisobotini tasdiqlang.

Dialog amaliyoti

A: 김 과장님, 보고서 여기 있습니다. | Menejer Kim, mana hisobot.

B: 30번과 40번 상품 500개 주문이 맞습니까?
Buyurtmaning 30 va 40-bandlari miqdori 500 dona, to'g'rimi?

A: 네, 여러 번 확인했습니다. 주문 확인에 관한 보고서 결재를 부탁드리겠습니다.
Ha, men bir necha marta tekshirdim. Buyurtmani tasdiqlash hisobotini tasdiqlang.

B: 알겠습니다. 내일 오전까지 확인한 후에 결재하겠습니다.
Tushundim. Ertaga tushgacha tekshirib, ruxsat beraman.

Bir qadam oldinga

부서장의 결재를 받을 때는 상황을 잘 고려하는 것이 중요하다. 보고서의 내용이 잘 정리가 되어 있어도 결재를 못 받는 경우가 있다. 여기서 말하는 상황은 다음과 같다. 첫째, 결재를 받아야 하는 결재자가 몸 상태가 안 좋거나 스트레스를 많이 받은 상황일 경우에는 결재를 다음에 받는 것이 좋다. 둘째, 본인의 결재 서류 외에도 다른 결재 서류가 많이 밀려 있으면 다음에 결재를 받는 것이 좋다. 셋째, 결재를 받아야 할 결재자가 여러 명일 경우에는 최종 의사결정권자의 의견이 반영되도록 결재 서류를 준비하는 것이 좋다. 이러한 상황을 미리 알고 결재 받을 준비를 하게 되면 결재를 받는 데에 도움이 될 것이다.

Bo'lim boshlig'ining roziligini olish uchun ba'zi vaziyatlarni hisobga olish muhimdir. Ba'zida avtorizatsiya hisoboti yaxshi yozilgan bo'lsa-da, ruxsat berilmaydi. Ko'rib chiqilishi kerak bo'lgan holatlar quyidagilar. Birinchidan, agar rozilik bergan odam o'zini yaxshi his qilmasa yoki stress ostida bo'lsa, keyinroq ruxsat so'rash yaxshidir.. Ikkinchidan, agar boshqa ko'plab avtorizatsiya so'rovlari kutilayotgan bo'lsa, avtorizatsiyani keyinroq so'rash yaxshidir.. Uchinchidan, ma'qullashi kerak bo'lgan bir nechta odamlar mavjud bo'lganda, yakuniy qarorga (최종 의사결정권자) ega bo'lgan shaxsning fikrini aks ettiruvchi avtorizatsiya hisobotini tayyorlash yaxshiroqdir. Yuqoridagi holatlarni oldindan ko'rib chiqish avtorizatsiya olishda yordam beradi.

~을/를 다시 한번 확인하겠습니다.

Ma'lumotni qayta tasdiqlash so'rovi

Nutq amaliyoti

밑줄 친 부분을 다시 한번 확인하겠습니다. | Men pastki chiziqni yana bir bor tekshiraman.

틀린 부분을 다시 한번 확인하겠습니다. | Men noto'g'ri qismni yana tekshiraman.

일정을 다시 한번 확인하겠습니다. | Men Jadvalni yana bir bor tekshiraman.

마감일을 다시 한번 확인하겠습니다. | Vaqtni yana tekshiraman.

Dialog amaliyoti

가: 보고서에서 다시 확인해야 할 내용에 밑줄을 그었습니다. 잘 확인해 보세요. |
Men hisobotda qayta tekshirilishi kerak bo'lgan qismlarni ta'kidladim. Iltimos, diqqat bilan tekshiring.

나: 네, 밑줄 친 부분을 다시 한번 확인하겠습니다. |
Yaxshi , tagiga chizilganlarni ikki marta tekshiraman.

가: 그리고 이해가 안 되거나 질문이 있으면 언제든지 물어보세요. |
Agar biror narsani tushunmasangiz yoki savollaringiz bo'lsa, istalgan vaqtda biz bilan bog'laning.

나: 네, 알겠습니다. 질문이 있으면 바로 물어보겠습니다. |
Ha men tushundim. Agar menda biron bir savol bo'lsa, darhol siz bilan bog'lanaman.

Men yana ~ tekshiraman.

Bir qadam oldinga

해외법인 한국기업에서 근무하는 한국 사람들(주재원)과 현지에서 채용된 현지 사람들 사이에 가장 크게 나타나는 차이점은 업무 문화이다. 주재원의 경우에는 한국 기업의 조직 문화에 익숙하지만 현지 직원들은 개인주의 성향이 강하고 한국기업의 조직문화를 이해하지 못한다. 예를 들면, H자동차 회사의 고위 임원이 해외법인 회사를 방문하여 현지 직원들에게 이렇게 말을 하였다. ≪사람이 재산이며 다음으로 중요한 것이 안전이다.≫ 개인주의 문화가 강한 환경에서 자란 유럽 현지 직원들에게 안전보다 회사 직원이 중요하다는 말은 이상하게 들릴 수도 있지만 이 말은 한국 기업의 조직 문화를 어느정도는 이해할 수 있는 의미의 말이다.

Xorijdagi koreys kompaniyalarida ishlaydigan koreyslar (주재원) va mahalliy ishga yollangan mahalliy aholi o'rtasidagi eng katta farq bu mehnat madaniyatidir. Chet elliklarga kelsak, ular Koreya kompaniyalarining tashkiliy madaniyati bilan yaxshi tanish, ammo mahalliy xodimlar kuchli individualistik tendentsiyalarga (성향) ega va Koreya kompaniyalarining tashkiliy madaniyatini tushunmaydilar. Masalan, H avtomobil kompaniyasining yuqori martabali rahbari xorijdagi korporatsiyaga tashrif buyurib, mahalliy xodimlarga shunday dedi: ≪Odamlar - bu boylikdir (재산) va xavfsizlik (안전) keyingi eng muhim narsadir.≫ Individualizm madaniyati kuchli muhitda o'sgan mahalliy yevropalik xodimlar uchun kompaniya xodimlari xavfsizlikdan ko'ra muhimroq deyish g'alati tuyulishi mumkin, ammo bu so'z ular Koreya kompaniyalarining tashkiliy madaniyatini ma'lum darajada tushuna olishini bildiradi.

7과에서 배운 중요 단어 확인하기(7-bo'limdan asosiy lug'atni tekshirish)

Quyidagi so'zlarning to'g'ri ma'nosini yozing

1. 식품 _______________________
2. 의약품 _______________________
3. 승인 _______________________
4. 인증 _______________________
5. 절차 _______________________
6. 마무리 _______________________
7. 결재 _______________________
8. 제출 _______________________
9. 수당 _______________________
10. 마감일 _______________________

Bir xil ma'noga ega so'zlarni tanlang

1. ~dan kechikmasdan   • 밑줄
2. maxsus   • 질문
3. xato   • 언제든지
4. afzallik   • 특별
5. istalgan vaqtda   • 장점
6. noto'g'ri   • 실수
7. qo'lingdan kelganini qilish • 틀리다
8. tasdiqlang   • 확인
9. tagiga chizish   • 최선
10. savol   • 늦어도

7과에서 배운 중요 문형 표현을 문장으로 쓰고 말하기
(7-bo limda o'rganilgan iboralar yordamida gaplarni tarjima qiling.

Nutq amaliyoti

1. Hisobot yaxshi ketyaptimi?

2. Attestatsiyaga yaxshi tayyorgarlik ko'ryapsizmi?

3. Men shu hafta oxirigacha tugatishim mumkin.

4. Men hisobotni keyingi hafta dushanba kuni tugataman.

5. Uni tushdan keyin kechiktirmasdan topshiring.

6. Iltimos, buyurtmani tasdiqlashni tasdiqlang.

7. Jadvalni yana bir bor tekshiraman.

8. Agar biror narsani tushunmasangiz yoki savolingiz bo'lsa, istalgan vaqtda biz bilan
   bog'laning.

9. Vaqtni yana tekshiraman.

10. Men darhol tekshiraman va siz bilan bog'lanaman.

Integratsiyalashgan amaliyot (종합 연습)

Hisobotni tayyorlash holatini tekshirish

Tegishli iborani qavs ichiga yozing.

대리: 김 과장님이 지시하신 1. (   )?

신입사원: 네, 제품 목록만 작성하면 됩니다.

대리: 2. (   ). 내일 아침에 결재를 받아야 합니다.

신입사원: 네, 3. (   ).

대리: 목록 작성 후에 4. (   ).

신입사원: 네, 수량을 다시 한번 확인하겠습니다.

대리: 그럼, 부탁할게요.

Ishora:

1. Hisobot yaxshi ketyaptimi?
2. Uni tushdan ke yin kechiktirmasdan topshiring.
3. Men kunning ikkinchi yarmidan kechiktirmay tugataman.
4. Iltimos, miqdorni yana tekshiring.

Uchrashuvga tayyorgarlik

회의 준비

회의를 준비하고 회의 일정 정하기
Uchrashuvni tayyorlash va rejalashtirish

01. ~(으)려고 오늘 모였습니다. / Bugun biz ~ uchun yig'ildik.

02. ~할 안건이 ~ 개 있습니다. / Kun tartibida ~ savollar.

03. ~까지 회의를 마칠 예정입니다. / Uchrashuvni ~dan oldin tugatamiz.

04. ~에 대해 어떻게 생각하십니까? / Siz ~ haqida nima deb o'ylaysiz?

05. ~기 전에 ~이/가 있습니까? / ~dan oldin ~ bormi?

06. ~은/는 ~에 있을 겁니다. / ~da bo'ladi.

~(으)려고 오늘 모였습니다.

Uchrashuv maqsadini bildirish uchun nutq

Nutq amaliyoti

판매 계획을 논의하려고 오늘 모였습니다.
Bugun biz savdo rejasini muhokama qilish uchun yig'ildik.

이 안건을 논의하려고 오늘 모였습니다.
Bugun biz bu masalani muhokama qilish uchun keldik.

올해 예산에 대해 이야기하려고 오늘 모였습니다.
Bugun biz bu yilgi byudjet haqida gaplashmoqchimiz.

그 계약 건을 이야기하려고 오늘 모였습니다.
Bugun biz shartnoma haqida gaplashish uchun yig'ildik.

Dialog amaliyoti

A: 김 주임, 회의를 시작하세요. │ Katta mutaxassis Kim, iltimos, uchrashuvni boshlang.

B: 그럼, 회의를 시작하겠습니다. 오늘은 전반기 판매 계획을 논의하려고 모였습니다. │
Uchrashuvni boshlaylik. Bugun biz birinchi yarim yillik savdo rejasini muhokama qilish uchun yig'ildik.

A: 먼저 오늘 회의 주제에 대한 요약본이 있습니다. 모두 봐 주시기 바랍니다. │
Avvalo, bugungi yig'ilish mavzusining qisqacha mazmunini hamma avval o'qib chiqishini istardim.

B: 그럼, 이어서 이야기를 하겠습니다. │ Keyin [gapirishni] davom ettiraman.

Bir qadam olding

부서에서 회의를 잘 준비하기 위해서는 다음과 같은 순서를 고려해서 준비해야 한다. 먼저 일주일 전에 회의 참석자들에게 회의 일정을 알리는 것이 중요하다. 그리고 회의 참석자 와 연락이 안 될 경우에는 이메일로 일시, 장소, 참가자 명단, 회의 주제를 적은 회의 통지 서를 발송한 후에 수신 여부를 반드시 확인해야 한다. 회의실 입구에는 미리 좌석배치도를 붙여 놓고 의자도 회의 인원보다 여유있게 3~4개 정도 더 준비해 놓는 것이 좋다. 다음으 로 컴퓨터, 빔 프로젝터, 마이크, 음향 시설등을 확인하는 것이 좋다. 회의 자료와 함께 줄 볼펜과 메모지도 같이 준비하면 좋다. 이와 같이 회의를 준비한다면 부서의 회의가 보다 원활하게 진행될 수 있을 것이다.

Kafedrada yig'ilishga tayyorgarlik quyidagi ko'rsatmalarga muvofiq amalga oshirilishi kerak. Birinchidan, ishtirokchilarni uchrashuv jadvali haqida bir hafta oldin xabardor qilish muhimdir. Bundan tashqari, agar siz yig'ilish ishtirokchilari bilan bog'lana olmasangiz (회의 통지서), sana, vaqt (일시), joy (장소), ishtirokchilar ro'yxati (참가자 명단) va uchrashuv mavzusini (회의 주제) elektron pochta orqali yuborganingizdan so'ng, qabul qilinganligini (수신 여부) tasdiqlashingiz kerak. Konferentsiya zalining kirish qismiga oldindan o'tirish jadvalini osib qo'yish va yig'ilishdagi odamlar sonidan 3 dan 4 gacha ko'proq stullarni tayyorlash yaxshidir. Keyinchalik, kompyuteringizni, nurli proyektorni, mikrofonni, ovoz tizimini va hokazolarni tekshirish yaxshi bo'ladi. Yig'ilish materiallari bilan birga berish uchun sharikli qalam va eslatma qog'ozini tayyorlash yaxshidir. Yig'ilishga shu tarzda tayyorgarlik ko'rsangiz, bo'lim yig'ilishi yanada silliq o'tishi mumkin bo'ladi.

02

~할 안건이 ~ 개 있습니다.

Uchrashuv kun tartibini tushuntirish uchun nutq

Nutq amaliyoti

오늘 이야기할 안건이 두 개 있습니다.
Kun tartibimizda biz muhokama qilishimiz kerak bo'lgan ikkita masala bor.

오늘 설명할 안건이 세 개 있습니다.
Kun tartibimizda tushuntirilishi kerak bo'lgan uchta masala bor.

오늘 같이 논의할 안건이 두 개 있습니다.
Kun tartibida birgalikda muhokama qilinishi kerak bo'lgan ikkita masala bor.

오늘 제시할 안건이 세 개 있습니다. | Kun tartibimizda uchta masala bor.

Dialog amaliyoti

A: 오늘 회의에서 논의할 내용은 무엇인가요?
Bugungi uchrashuvda nima haqida gaplashamiz?

B: 네, 오늘 같이 논의할 안건이 두 개 있습니다. 먼저, 제품 판매 전략에 대하여 논의하고, 다음으로 프로젝트 진행 상황에 대하여 논의할 겁니다.
Kun tartibida birgalikda muhokama qilinishi kerak bo'lgan ikkita masala bor. Biz avval savdo strategiyasini, keyin esa loyihaning borishi va holatini muhokama qilamiz.

A: 지금 진행 중인 프로젝트를 먼저 논의하는 것이 어떨까요?
Avvalo amalga oshirilayotgan loyihalarni muhokama qilmoqchimisiz?

B: 여러분이 동의하시면 그렇게 하겠습니다. | Agar hamma rozi bo'lsa, men rozi bo'laman.

Bir qadam oldinga

부서에서 회의를 준비할 때 부수적으로 준비해야 하는 것이 다과(茶菓, tea and sweets, refreshments)이다. 특히, 중요한 분과 함께하는 회의에서는 다과를 준비하는 데 신경을 더 써야 한다. 먼저 다과는 회의 중에 소리 때문에 방해가 되지 않도록 소리가 적게 나는 것으로 준비하는 것이 좋다. 과일의 경우에는 부피가 크지 않은 것이 좋다. 그리고 무거운 주제 의 회의에는 자극적이지 않은 차와 부드러운 과자를 준비하는 것이 좋고, 가벼운 회의나 아이디어를 생각해야 하는 회의에는 자극적인 음료를 준비하는 것도 때로는 필요하다.

Uchrashuvdan oldin tayyorlash kerak bo'lgan narsa - choy va shirinliklar yoki alkogolsiz ichimliklar (다과, 茶菓). Bu, ayniqsa, muhim odam bilan uchrashganda juda muhim (신경 을 더 써야 한다). Avvalo, yig'ilish paytida shovqinga xalaqit bermaslik uchun kam shovqinli ichimliklar tayyorlash yaxshidir. Mevalarga kelsak, ular katta bo'lmagani yaxshi. Bundan tashqari, og'ir mavzular (무거운 주제) bo'lgan uchrashuvlar uchun rag'batlantirmaydigan choy va yumshoq gazaklar tayyorlash yaxshi, ba'zan esa g'oyalar haqida o'ylash kerak bo'lgan yoli engil uchrashuvlar (가벼운 회의) uchun ba'zi ogohlantiruvchi ichimliklar (masalan, qahva) tayyorlash yaxshiroqdir.

03

~까지 회의를 마칠 예정입니다.

Uchrashuv qachon tugashini bildirish uchun nutq

Nutq amaliyoti

오전 11시 30분까지 회의를 마칠 예정입니다. │ Uchrashuvni soat 11:30 da yakunlaymiz.

점심 시간 전까지 회의를 마칠 예정입니다. │ Uchrashuvni tushlikdan oldin tugatamiz.

12시 전까지는 회의를 마칠 예정입니다. │ Uchrashuvni soat 12:00 da tugatamiz.

퇴근 시간 전까지는 회의를 마칠 예정입니다. │
Uchrashuvni ish kuni tugagunga qadar yakunlaymiz.

Dialog amaliyoti

A: 회의가 언제쯤 끝날까요? │
Uchrashuv qachon tugaydi?

B: 늦어도 점심 시간 전까지 마칠 예정입니다. │
Tushlik tanaffusidan kechiktirmay tugaydi.

A: 그러면, 회의 후에 같이 점심식사를 할까요? │
Uchrashuvdan keyin birga tushlik qilaylikmi?

B: 네, 좋습니다. │ Ha yaxshi.

Uchrashuvni ~ dan oldin tugatamiz.

 **Bir qadam oldinga**

신입사원에게 회의 준비 못지 않게 중요한 것은 회의 마무리이다. 우선 회의가 끝난 후에 회의에 참석한 부서원들이 두고 간 물건이 없는지 잘 확인하는 것이 필요하다. 다음으로 회의를 위해 빌린 물품들을 잘 반납해야 한다. 회의 시간에 자료로 사용하고 버리는 것들 중에 중요한 내용이 포함되어 있는지 확인한 후에 필요하면 서류를 파기해야 한다. 끝으로 회의실을 관리하는 부서에 연락하여 회의가 끝났음을 알려야 한다.

Yangi xodim uchun uchrashuvni yakunlash (마무리), unga tayyorgarlik ko'rish kabi muhimdir. Avvalo, yig'ilishdan so'ng yig'ilishda qatnashgan bo'lim a'zolaridan biror narsa qolmaganligiga ishonch hosil qilish kerak. Keyinchalik, uchrashuv uchun qarzga olingan narsalarni qaytarib berishni (물품을 반납하다) unutmang. Agar yig'ilish materiallarida maxfiy tarkib bo'lsa, hujjatlar yo'q qilinishi (서류를 파기 하다) kerak . Nihoyat, yig'ilish tugaganligi haqida xabar berish uchun yig'ilish xonasini boshqaruvchi bo'limga murojaat qilishingiz kerak.

~에 대해 어떻게 생각하십니까?

Biror narsani taklif qilish yoki fikrni aniqlashtirish uchun nutq

Nutq amaliyoti

김 대리 제안에 대해 어떻게 생각하십니까?
Menejer yordamchisi Kimning taklifi haqida qanday fikrdasiz?

이 문제에 대해 어떻게 생각하십니까? | Bu muammo haqida qanday fikrdasiz?

이 보고서에 대해 어떻게 생각하십니까? | Ushbu hisobot haqida qanday fikrdasiz?

이 제품에 대해 어떻게 생각하십니까? | Ushbu mahsulot haqida qanday fikrdasiz?

Dialog amaliyoti

A: 회사의 영업이익이 줄고 있습니다. 영업팀에서는 이 문제에 대해 어떻게 생각하십니까?
Kompaniyaning operatsion foydasi pasayib bormoqda. Savdo jamoasi bu masala bo'yicha qanday fikrda?

B: 영업팀에서도 그 문제를 해결하기 위해 최선을 다하고 있습니다.
Savdo bo'limida biz ushbu muammoni hal qilish uchun qo'limizdan kelganini qilamiz.

A: 새로운 판매 전략을 위한 아이디어를 준비해 보세요.
Iltimos, yangi savdo strategiyasi uchun g'oya tayyorlang.

B: 네, 팀원들과 같이 논의해 보겠습니다.
Biz bu masalani jamoa a'zolari bilan muhokama qilamiz.

Bir qadam oldinga

한국의 S 전자회사는 회의 효율성을 높이기 위해 ≪1-1-2≫ 원칙을 만들어 회의에 적용하고 있다. 1-1-2 원칙의 의미는 1명이라도 적게 회의에 참석하여 불필요한 회의를 줄이고, 회의는 1시간 이내로 끝내 업무에 지장을 주지 않으며, 잦은 회의보다는 2번 안해도 되는 회의 문화를 만들자는 의미에서 만들어진 원칙이다. 그리고 회의를 주관하는 상사의 일방적인 회의를 지양한다는 목적도 있다. 많은 회사원들이 자주하는 회의 때문에 업무 효율이 떨어진다고 생각하여 이러한 회의 원칙을 만들어 적용하고 있다.

Koreyaning elektron kompaniyasi S uchrashuvlar samaradorligini (효율성) oshirish uchun 1-1-2 qoidasini qo'llaydi (적용하다). Qoida quyidagi tamoyillarni(원칙) nazarda tutadi: birinchidan, keraksiz (불필요하다) yig'ilishlar va ishtirokchilarni hatto 1 kishigacha qisqartirish, ikkinchidan, ishni to'xtatmaslik (지장을 주다) uchun yig'ilishni 1 soat ichida yakunlash, uchinchidan, ayni masala yuzasidan ikkinchi marta yig'ilish o'tkazmaslik. Qoida shuningdek, yig'ilishga rahbarlik (회의를 주관하다) qiluvchi yuqori lavozimli xodimlar yuqoridan pastga yig'ilishlardan qochishlari kerakligini (지양하다) ham nazarda tutadi: nafaqat top-menejerlar gaplashadi va hamma tinglaydi, balki yuqori rahbarlar ham barcha darajadagi xodimlarga o'z g'oyalarini taklif qilish va ularning g'oyalarini tinglash imkoniyatini berishlari kerak. Ushbu 1-1-2 qoidasi ko'plab xodimlar tez-tez yig'ilishlarning samaradorligini (효율) pasayganidan shikoyat qilgani uchun joriy etilgan.

Uchrashuv tugashidan oldin fikr so'rash uchun iboraning navbati

Nutq amaliyoti

끝나기 전에 하실 말씀이 있습니까?
Tugatishimizdan oldin, yana aytadigan gapingiz bormi?

끝나기 전에 제안이 있습니까? | Tugatishimizdan oldin, biron bir taklif bormi?

끝나기 전에 질문이 있습니까? | Tugatishimizdan oldin, savollaringiz bormi?

끝나기 전에 다른 안건이 있습니까? | Tugatishimizdan oldin, boshqa rejalar bormi?

Dialog amaliyoti

A: 이것으로 회의를 마치겠습니다. 혹시 끝나기 전에 하실 말씀이 있습니까?
Shu bilan uchrashuvni yakunlashimiz mumkin. Lekin biz tugatishimizdan oldin nima demoqchisiz?

B: 다음 회의 날짜를 정하는 것이 좋겠습니다.
Keyingi uchrashuv uchun sanani belgilash yaxshi bo'lardi.

A: 네, 그럼, 다음 회의 날짜는 다음주 화요일에 하는 것이 어떻겠습니까?
Keyin keyingi hafta seshanba kuni haqida nima deyish mumkin?

B: 네, 좋습니다. 구체적인 회의 시간과 장소는 이메일로 보내드리겠습니다.
Yaxshi. Vaqt va joy haqida ma'lumotni elektron pochta orqali yuboraman.

~ dan oldin ~ bormi?

 **Bir qadam oldinga**

외국 직원들이 한국 직장문화에 대한 장점으로 ≪정(情, affection, warmhearted)≫이 있는 직장문화를 말하곤 한다. 외국인 직원들은 한국인들이 직장 동료를 ≪가족≫처럼 생각한다고 느낀다. 자주 함께 밥을 먹기도 하고, 술을 마시기도 하며, 주말에는 함께 여가 활동을 즐기기도 하기 때문이다. ≪선후배 문화≫ 역시 한국기업에서 나타나는 독특한 직장문화이다. 외국 회사에서는 선배와 후배가 업무 외에 자주 밥을 먹거나 술을 마시지도 않고 선배가 후배를 ≪맡아서 가르쳐야한다≫는 책임 의식도 없다. 가끔 외국회사에서도 신입사원에게 일을 가르쳐 주는 경우가 있지만 이것은 ≪업무≫로 생각한다. 한국 회사에서처럼 선배가 후배를 붙잡고 하나부터 열까지 가르치고 충고하는 한국기업의 직장문화는 외국 직원들에게는 낯선 경험일 것이다.

Koreya korporativ madaniyatining afzalliklari haqida gapirganda, chet ellik xodimlar ko'pincha ≪정情≫ (mehr, samimiylik) eslatib o'tadilar. Chet elliklarning fikricha, koreyslar o'z hamkasblariga oila a'zolaridek munosabatda bo'lishadi, chunki ular dam olish kunlari birga ovqatlanadilar, birga ichadilar va bo'sh vaqtlarini (여가 활동) o'tkazadilar. Koreya korporativ madaniyatining yana bir o'ziga xos xususiyati (독특하다) - kattalar va yoshlar o'rtasidagi munosabatlar. Xorijiy kompaniyalarda bu munosabatlar faqat ish bilan chegaralanadi, kattalar va kichiklar birga ovqat yemaydilar, ichmaydilar, kattalar esa kichiklarga yo'l-yo'riq ko'rsatish, o'rgatish mas'uliyatini (책임 의식) his qilmaydi. Albatta, xorijiy kompaniyalarda kattalar yangi xodimni o'qitishi kerak bo'lgan paytlar bo'ladi, lekin bu ish hisoblanadi. Shuning uchun koreys kompaniyasida o'zining kichigini qo'llab-quvvatlab, unga A dan Z gacha hamma narsani o'rgatib, maslahat beradigan (충고 하다) katta hamkasbining bo'lishi xorijlik uchun g'alati tajriba (낯선 경험) bo'lishi mumkin.

~은/는 ~에 있을 겁니다.

Uchrashuv vaqti haqida xabar berish uchun nutq

Nutq amaliyoti

다음 회의는 한 달 후에 있을 겁니다. │ Keyingi uchrashuv bir oydan keyin bo'ladi.

다음 회의는 내일 오전에 있을 겁니다. │ Keyingi uchrashuv ertaga ertalab bo'ladi.

다음 회의는 다음주에 있을 겁니다. │ Keyingi uchrashuv keyingi hafta bo'ladi.

다음 회의는 금요일에 있을 겁니다. │ Keyingi uchrashuv juma kuni bo'lib o'tadi.

Dialog amaliyoti

A: 다음 회의는 금요일 오전에 있을 겁니다. 꼭 참석해 주셨으면 좋겠습니다. │
Keyingi uchrashuv juma kuni ertalab bo'ladi. Ishtirok etishingizga ishonch hosil qiling.

B: 네, 금요일 오전에 다른 일정은 없습니다. 참석하겠습니다. │
Ha, kelaman. Juma kuni ertalab uchun boshqa jadval yo'q.

A: 제가 부장님에게도 참석 여부를 확인해 보겠습니다. │
Men bosh menejerdan u ishtirok etadimi yoki yo'qmi, deb so'rayman.

B: 그럼, 금요일 오전에 뵙겠습니다. │ Juma kuni ertalab ko'rishguncha.

~ bo'ladi.

Bir qadam oldinga

가르쳤던 학생 중에 한 명이 한국의 S물산에서 일하고 있다. 오래 전에 S전자회사 인력개발원과 인사계발그룹에서 외국인 임직원들을 가르쳤던 경험이 있었기 때문에 그 학생이 S물산에 입사할 때만해도 한국회사의 조직문화를 잘 견딜 수 있을지 걱정이 앞섰다. 하지만 입사한지 10년이 지난 그 학생은 외국인 전문가로서의 본인의 존재를 나타내고 일을 잘 해 나가고 있다. 한국 기업이 외국인 직원들을 고용할 때 얻는 이점은 상당히 클 것이다. 같은 사무실에서 외국인 직원과 함께 일함으로써 외국 문화 및 업무 스타일이 자연스레 공유될 것이다. 그리고 외국인 직원이 가진 객관적인 관점이 가져다주는 기업 문화는 글로벌시장에서 경쟁하는 한국기업에게 도움이 될 것이다.

Mening shogirdlarimdan biri Koreyaning S savdo kompaniyasida ishlaydi. Menda chet ellik xodimlarga (임직, so'zma-so'z: operatsion va boshqaruv xodimlari) kadrlarni rivojlantirish markazida (인력개발원) va S elektron kompaniyasining kadrlar tayyorlash guruhida dars berish tajribam bor, bu talaba savdoga kirganida (입사하다) S kompaniyasi, men u Koreya korporativ madaniyatiga (조직문화) o'rgana oladimi, deb xavotirlanardim. Biroq, u kompaniyaga kelganiga 10 yil bo'ldi va hozir u o'zini chet ellik mutaxassis (전문가) sifatida ko'rsatish (존재를 나타내다, so'zma-so'z: borligini ko'rsatish) bilan yaxshi ish qilyapti. Koreya kompaniyalari chet elliklarni yollashdan katta foyda (이점, so'zma-so'z: afzallik, ortiqcha). Chet elliklar bir idorada birga ishlaganliklari sababli, ularning xorijiy madaniyati va ish uslubi boshqa xodimlarga ham (공유되다). Xorijiy xodimning ob'ektiv nuqtai nazari (객관적인 관점) Koreya kompaniyalariga jahon bozorida (글로벌시장) raqobatbardosh bo'lishga yordam beradi, (경쟁하다, so'zma-so'z: raqobat).

8과에서 배운 중요 단어 확인하기(8-bo'limdan asosiy lug'atni tekshirish)

Quyidagi so'zlarning to'g'ri ma'nosini yozing

1. 판매
2. 예산
3. 논의
4. 요약본
5. 전략
6. 전반기
7. 동의
8. 퇴근
9. 예정
10. 제안

Bir xil ma'noga ega so'zlarni tanlang

1. birinchi navbatda / avvalo
2. ayting (hurmatli shakl)
3. tugatish
4. strategiya
5. muammo
6. taklif qilish
7. borish
8. yechim
9. oxiri
10. sanani belgilash

- 마치다
- 끝나다
- 제안하다
- 말씀하다
- 날짜를정하다
- 전략
- 해결
- 문제
- 먼저
- 모이다

8과에서 배운 중요 문형 표현을 문장으로 쓰고 말하기
(8-bo limda o'rganilgan iboralar yordamida gaplarni tarjima qiling.)

Nutq aylanadi

1. Bugun biz savdo rejasini muhokama qilish uchun yig'ildik.

____

2. Keyin suhbatni davom ettiraman.

____

3. Bugungi kun tartibimizda ikkita masala bor.

____

4. Agar hamma rozi bo'lsa, men rozi bo'laman.

____

5. Uchrashuvni tushdan oldin tugatamiz.

____

6. Uchrashuv qachon tugaydi?

____

7. Uchrashuvdan keyin birga tushlik qilaylikmi?

____

8. Bu muammo haqida qanday fikrdasiz?

____

9. Tugatishimizdan oldin, yana aytadigan gapingiz bormi?

____

10. Keyingi uchrashuv juma kuni ertalab bo'ladi.

____

Ish uchrashuvi

📄 Tegishli iborani qavs ichiga yozing.

대리: 김 과장님, 회의를 시작해도 될까요?

과장: 네, 시작하세요.

대리: 그럼, 오늘 회의를 시작하겠습니다.

    1. (   ).

과장: 오늘 회의 안건은 몇 개인가요?

대리: 오늘 2. (   ).

과장: 그럼, 중요한 안건부터 이야기하죠.

(회의 마무리)

대리: 3. (   ).

    혹시 이 안건에 대한 다른 의견이 있습니까?

과장: 없는 것 같습니다. 그럼, 오늘 회의를 마무리하는 게 좋겠습니다.

대리: 4. (   )? 질문이 없으면 회의를 마치겠습니다.

    5. (   ). 모두 참석해 주세요.

Ishora:

1. Bugun biz savdo strategiyasini muhokama qilish uchun keldik.
2. Birgalikda muhokama qiladigan uchta masalamiz bor.
3. Uchrashuvni tushlikdan kechiktirmay tugatamiz.
4. Uchrashuvni tugatishimizdan oldin savollaringiz bormi?
5. Keyingi uchrashuv juma kuni ertalab bo'ladi.

Kompaniya xabarnomalari
회사 공지

게시물 내용 확인하고 경조사 표현 익히기

Bildirishnomalarni tekshiring, tabriklar va hamdardlik uchun iboralarni mashq qiling

01. ~을/를 확인해 주세요. /
Iltimos, ~ni tekshirishingizni so'rayman / Iltimos, ~ni tekshiring.

02. ~을/를 공유해 주세요. / Iltimos, baham ko'ring ~.

03. ~에서 알려드립니다. / ~ dan xabar.

04. ~은/는 ~에서 있을 예정입니다. / ~ ichida sodir bo'ladi.

05. ~을/를 축하드립니다. / ~ bilan tabriklaymiz.

06. ~을/를 듣게 되어 유감입니다. / ~ni eshitganimdan afsusdaman.

07. 고인의 명복을 빕니다. / Men marhumning tinchligini tilayman.

~을/를 확인해 주세요.

Ma'lumotni tekshirish uchun so'rov uchun nutq aylanishi

Nutq amaliyoti

회사 새 게시판을 확인해 주세요.
Iltimos, kompaniya e'lonlar taxtasida yangi xabarni tekshiring.

회사 홍보 영상을 확인해 주세요.
Iltimos, kompaniyaning reklama videosini tomosha qiling.

회사 중요 일정을 확인해 주세요. Iltimos, kompaniyaning asosiy jadvalini tekshiring.

새 제품 목록을 확인해 주세요. Iltimos, yangi narsalar ro'yxatini tekshiring.

Dialog amaliyoti

A: 회사의 게시판에 일부 사항이 변경되었습니다.
   직원 분들은 모두 게시판을 확인해 주세요.
   Kompaniyaning xabarlar panelida bir nechta narsa o'zgardi.
   Men hammani buni tekshirishga chaqiraman.

B: 네, 바로 확인해 보겠습니다. 달라진 기능이 있습니까?
   Hozir tekshiraman. O'zgartirilgan xususiyatlar bormi?

A: 네, 회사의 중요한 일정을 바로 확인할 수 있습니다.
   Ha, endi siz to'g'ridan-to'g'ri kompaniyaning asosiy jadvalini ko'rishingiz mumkin.

B: 앞으로는 더욱 편리하게 사용할 수 있겠습니다.
   Keyin undan foydalanish ancha oson bo'ladi.

Bir qadam oldinga

한국의 직장문화에서 점심시간은 누군가와 같이 식사하는 시간이다. 같은 부서의 동료들과 같이 식사를 하거나 다른 누구라도 같이 나가서 점심을 먹는 것이 한국회사의 점심 직장문화이다. 그리고 점심을 먹고 나서는 보통 찻집으로 이동해 커피나 차를 마신다. 이런 한국회사의 점심 직장문화와 비교하면 해외 기업들은 점심시간이 짧고 동료들과 같이 식사하기 보다는 샌드위치나 샐러드 같은 간단한 도시락으로 혼자 식사를 해결한다.

Koreya korporativ madaniyatida tushlik har doim kimdir (누군가) bilan ovqatlanish vaqtidir. Koreya kompaniyasida ular odatda bo'limdagi hamkasblari yoki boshqa birov bilan birga ovqatlanadilar. Kechki ovqatdan keyin esa koreyslar odatda bir chashka choy yoki qahva ichish uchun kafelarga (찻집) boradilar (이동하다, so'zma-so'z: aylanib o'tish). Agar koreys va xorijiy tushlik madaniyatini solishtiradigan (비교하다) bo'lsak, xorijiy kompaniya xodimlari hamkasblari bilan birga qisqa muddatli tushlik tanaffus qilish o'rniga, sendvich yoki salat kabi oddiy taom bilan birga tushlik qutisini yolg'iz (해결하다, so'zma-so'z: ruxsat berish) yeyishadi.

Ma'lumot so'rash uchun nutq aylanishi

Nutq amaliyoti

부서원들과 아이디어를 공유해 주세요.
Iltimos, fikringizni hamkasblar bilan baham ko'ring.

행사 정보를 공유해 주세요. | Iltimos, tadbir haqida ma'lumot bering.

회의 내용을 공유해 주세요. | Iltimos, uchrashuv mazmuni bilan o'rtoqlashing.

프로젝트 일정을 공유해 주세요. | Iltimos, loyiha jadvalingizni baham ko'ring.

Dialog amaliyoti

A: 회사 새 제품 홍보 행사가 언제라고 하셨죠? |
   Yangi mahsulotni reklama qilish tadbiri bo'lishini qachon aytasiz?

B: 네, 다음주 금요일입니다. | Keyingi juma.

A: 괜찮으시면, 행사 정보를 공유해 주세요. |
   Agar siz uchun qiyin bo'lmasa, voqea haqida ma'lumot almashing.

B: 네, 게시판에 정보를 바로 올리겠습니다. | Men buni e'lonlar taxtasiga joylashtiraman.

Bir qadam oldinga

회사 게시판의 가장 큰 기능은 정보 공유와 공지 사항의 전달일 것이다. 이런 기능을 하는 업무 도구로는 이메일, 메신저, 게시판 등이 있다. 하지만 이메일보다 회사 게시판이나 메신저를 유용하게 사용하는 경우도 있다. 예를 들면, 전체 부서 직원들에게 업무에 대하여 공지를 해야 할 경우, 대량의 메일을 발송하는 것보다 게시판에 공지를 올려서 알리는 것이 보다 효율적이다. 그리고 메신저를 이용하면 메일보다 소통을 하는 속도가 더욱 빨라지고, 메일을 쓸 때 포함되는 일상적인 문구들을 사용하지 않아도 되기 때문에 업무의 효율성을 높일 수 있다. 업무를 볼 때 여러 가지 커뮤니케이션 도구를 같이 사용하는 것이 업무의 능률을 올리는 데에 도움이 될 것이다.

E'lonlar doskasinng (게시판) eng katta vazifasi ma'lumot almashish (정보 공유) va e'lonlarni etkazishdir (공지 사항의 전달). Ushbu funktsiyani bajaradigan biznes vositalariga elektron pochta, messenjer va e'lonlar taxtasi kiradi. Biroq, kompaniyaning e'lonlar taxtasi yoki messenjerlari elektron pochtadan ko'ra foydaliroq (유용하게) bo'lgan holatlar mavjud. Misol uchun, barcha bo'limlarning xodimlarini ish haqida xabardor qilish zarur bo'lganda (전체), ko'p sonli elektron pochta xabarlarini yuborishdan (대량의 메일) ko'ra, e'lonlar taxtasiga e'lon qilish samaraliroqdir (효율적). Bundan tashqari, agar siz messenjerdan foydalansangiz, aloqa (소통) tezligi elektron pochtanikiga qaraganda tezroq bo'ladi va elektron pochta yozishda siz kiritilgan kundalik iboralarni (일상적인) ishlatishingiz shart emas, shuning uchun siz ish samaradorligini (효율성) oshirishingiz mumkin. Ishlayotganda turli xil aloqa vositalaridan (커뮤니케이션 도구) birgalikda foydalanish ish samaradorligini (능률) oshirishga yordam beradi.

~에서 알려드립니다.

Xodimlarni xabardor qilish uchun nutq aylanishi

Nutq amaliyoti

영업부에서 알려드립니다.	Savdo bo'limidan xabarnoma.
총무부에서 알려드립니다.	Ma'muriy bo'limdan xabarnoma.
인사부에서 알려드립니다.	Kadrlar bo'limidan xabarnoma.
개발부에서 알려드립니다.	Rivojlanish bo'limidan xabar.

Dialog amaliyoti

A: 인사부에서 알려드립니다. 2월부터 인사 이동이 있을 예정입니다.
1월 말에 회사 게시판에 공지할 예정이니 참조하시기 바랍니다.
Xodimlar bo'limidan xabarnoma beriladi. Fevral oyidan boshlab kadrlarni qayta tashkil
etish boshlanishi kutilmoqda.
Iltimos, batafsil ma'lumot yanvar oyi oxirida kompaniya e'lonlar taxtasida e'lon qilinishini
unutmang.

B: 이번에 해외 지사로 발령이 나면 좋을 텐데…
Bu safar chet eldagi filialga o'tkazilsa yaxshi bo'lardi…

Bir qadam oldinga

얼마 전에 대기업에서 일하는 지인이 부장으로 승진했을 때 승진 축하와 함께 다른 부서로의 이동이나 직무가 바뀌었는지 물어본 적이 있다. 인사 이동에는 일반적으로 직위가 올라가는 승진이 있고, 반대로 직위가 내려가는 강등이 있다. 그리고 직원의 적성에 맞게 현재 직무에서 다른 직무로 재배치하는 전환배치가 있다. 일반적으로 직원이 담당하고 있는 업무를 직무라고 하는데 인사 이동에 있어서는 직무 분석과 인사 고과(personnel rating)가 중요하다. 특히, 부서 내에서 직무와 관련하여 직원의 업무수행능력을 평가하는 인사 고과는 인사 이동에서 가장 중요한 평가 수단의 기능을 한다.

Yaqinda yirik korxonada ishlaydigan bir tanishim (지인) bosh direktor lavozimiga ko'tarilganida (승진하다), men uni lavozimga ko'tarilgani bilan tabriklab, boshqa bo'limga o'tganmi (이동) yoki ish joyini o'zgartirdimi, deb so'radim. Xodimlarni o'tkazishda (인사 이동), odatda, lavozim yuqoriga ko'tariladigan (승진) va pastga tushish (강등) holatlari mavjud. Bundan tashqari, o'tish tartibi (전환 배치) mavjud bo'lib, unda xodim hozirgi ish joyidan o'z qobiliyatiga qarab boshqa ishga o'tkaziladi. Mas'ullik yoki xodim mas'ul bo'lgan ish (인사 고과) va kadrlar bo'limining bahosini qayta tashkil etishda HR e'tibor berish yaratish mezondir. Kadrlarni o'tkazishda ish tahlili va kadrlar reytingi muhim ahamiyatga ega. Xususan, bo'lim ichidagi ish bilan bog'liq holda xodimning ish faoliyatini baholaydigan xodimlarni baholash, xodimlarni o'tkazishda eng muhim baholash usuli sifatida ishlaydi. Xodimning o'z ishini bajarishini (업무수행능력) o'lchagan shaxsiy reyting (평가) xodim uchun to'g'ri pozitsiyani oshirish uchun ayniqsa muhim vositadir

Tadbir o'tkaziladigan joy haqida ma'lumot berish uchun nutq aylanmasi

Nutq amaliyoti

영업부 모임은 C식당에서 있을 예정입니다.
Savdo guruhi yig'ilishi C restoranida bo'lib o'tadi.

오늘 회식은 D식당에서 있을 예정입니다.
Bugun kechqurun korporativ kechki ovqat D.da bo'lib o'tadi.

장례식은 A병원에서 있을 예정입니다. │ Dafn marosimi A kasalxonasida bo'lib o'tadi.

결혼식은 B식장에서 있을 예정입니다. │ To'y "B" restoranida bo'lib o'tadi.

Kompaniyaning obituar xabari

공지: 영업팀 김민수 과장의 부친께서 2020년 4월 4일 지병으로 별세하셨기에 삼가 알려드립니다.
장례식은 A병원에서 있을 예정입니다.
장례식에 참석하셔서 갑작스럽게 부친상을 당하신 김민수 과장님을 위로해 주시기 바랍니다.

Bildirishnoma: Sizga hurmat bilan ma'lum qilamizki, savdo bo'limi menejeri Minsoo Kimning otasi surunkali kasallik tufayli 2020 yil 4 aprelda vafot etdi. Dafn marosimi A kasalxonasida bo'lib o'tadi. Qabul qilishingizni so'raymiz

Bir qadam oldinga

상을 당한 직장 동료 장례식에 부서원들과 같이 가게 되면 정해진 순서에 따라 조문을 해야 한다. 우선 방명록에 부서 이름과 본인의 이름을 적고 부의금을 내면 된다. 그 후에 종교에 따라 불교이면 분향을 하고 기독교나 천주교이면 헌화를 하면 된다. 그리고 두 번 절을 해야 한다. 그리고 상을 당한 직원 동료에게 절을 한 번 한 후에 위로의 말을 전하고 나오면 된다. 식사를 할 경우에는 먼저 조문객이 많은지 확인을 하는 것이 좋다. 조문객이 많을 경우에는 식사를 하지 않고 오는 것도 바른 예절이다. 그리고 같은 부서원의 경조사에 참석하는 것도 한국의 직장문화이다.

Bo'lim a'zolari bilan dafn marosimiga borganingizda, maxsus tartib (순서,so'zma-so'z: oila a'zosini yo' (상을 당하다) hamkasbingizga hamdardlik bildirish (조문을 하다) tartibi. Avvalo, ismingiz va ismingizni bo'lim tashrif buyuruvchilar kitobida (방명록) va pul bilan ta'ziya (부의금) bildirishingiz kerak. So'ngra, dinga (종교) qarab, buddizm taqdirda tutatqi yoqish (분향을 하다) yoki nasroniylik taqdirda gul qo'yish (헌화를 하다) kerak. Keyin oila a'zosini yo'qotgan hamkasbingizga ta'zim qilib, hamdardlik (위로의 말) bildirishingiz kerak. Agar dafn marosimida oziq-ovqat ta'minlansa, birinchi navbatda tashrif buyurganlar (조문객) ko'p yoki yo'qligini tekshirishingiz (확인하다) kerak. Agar kafeteryada odamlar ko'p bo'lsa, ovqatlanmasdan ketish yaxshi amal (바른 예절) bo'ladi. Esda tutingki, yuqorida aytib o'tilganidek, dafn marosimlarida yoki hamkasblarning to'ylarida (경조사) qatnashish koreys madaniyatining (같은 부서원) bir qismidir.

~을/를 축하드립니다.

Tabriklash uchun nutq

Nutq amaliyoti

승진을 축하드립니다. │ Ko'tarilganingiz bilan tabriklaymiz.

해외 지사 발령을 축하드립니다. │
Xorijdagi filialga tayinlanganingiz bilan tabriklaymiz.

팀장이 되신 것을 축하드립니다. │
Sizni jamoa rahbari etib tayinlanganingiz bilan tabriklaymiz.

계약 연장을 축하드립니다. │ Shartnomangiz uzaytirilganingiz bilan tabriklaymiz.

Dialog amaliyoti

A: 어제 회사 게시판에서 인사 공지를 봤습니다.
김 과장님, 부장으로 승진하신 것을 진심으로 축하드립니다. │
Kecha men kompaniyaning e'lonlar taxtasida HR xabarini ko'rdim.
Menejer Kim, bosh direktor lavozimiga ko'tarilganingiz bilan samimiy tabriklayman.

B: 부서원 모두 도와 준 덕분입니다. │ Bu bizning kafedramizning barcha a'zolariga rahmat.

A: 그동안 김 과장님이 성과를 많이 내셔서 승진을 하신 거라고 생각합니다. │
O'ylaymanki, siz erishgan natijalaringiz tufayli ko'tarildingiz.

B: 모두에게 고맙습니다. │ Hammaga raxmat.

Bir qadam oldinga

한국회사에서 인사와 관련한 공지를 할 때 사용하는 용어들이 있다. 그것은 전직, 전근, 전출, 전적, 전보 등이다. 전직은 일하는 부서는 바뀌지 않고 직무의 종류나 업무 내용이 바뀌는 것을 말한다. 전근은 업무 내용뿐만 아니라 근무 장소가 바뀌는 것을 말한다. 예를 들면, ≪모스크바 지사에서 카잔 지사로 전근 발령이 났습니다.≫라고 말할 수 있다. 전출은 직원이 소속되어 있는 회사와의 근로계약 관계는 유지되지만 파견 근무, 장기 출장 등 다른 회사의 지휘와 감독을 받아 업무를 수행하는 것을 말한다. 전적은 소속 회사와의 근로계약을 종결하고 다른 회사와 근로계약을 맺게 되는 것을 말한다. 전보는 동일한 직급으로 근무 장소가 다른 곳으로 바뀌는 것을 말한다.

Koreya kompaniyalarida xodimlarni qayta tashkil etish to'g'risida kadrlar bo'limi (공지) xabarnomalarida qo'llaniladigan maxsus atamalar (용어) mavjud, masalan: 전직, 전근, 전출, 전적, 전보 va h.k. 전직 bir bo'limda qolish, lekin mas'uliyatni yoki ish turini o'zgartirishni anglatadi. 전근 nafaqat vazifalarni o'zgartirishni, balki ish joyini ham anglatadi, masalan: ≪모스크바 지사에서 카잔 지사로 전근 발령이 났습니다.≫ (≪Moskva filialidan Qozon filialiga o'tkazish (발령) buyrug'i berildi≫). 전출 degani, kompaniya bilan tuzilgan mehnat shartnomasi (근로 계약) o'zgarishsiz qoladi (유지되다), lekin xodim uzoq muddatli xizmat safariga (장기 출장) kompaniya nazorati ostida (지휘와 감독) boshqa joyga ish bajarish (업무를 수행하다) uchun ketadi. 전적 operatsion kompaniya bilan tuzilgan mehnat shartnomasini bekor qilish (종결하다) va boshqa kompaniya bilan mehnat shartnomasini imzolash (계약을 맺다) demakdir. 전보 ishni o'zgartirishni, lekin bir xil pozitsiyani saqlashni (직급) anglatadi.

06

~을/를 듣게 되어 유감입니다.

Birovning o'limi haqida eshitganingizda ishlatiladigan nutq

Nutq amaliyoti

부고를 듣게 되어 유감입니다. │ Uning vafotidan afsusdaman.

부친상 소식을 듣게 되어 유감입니다. │
Otangizning o'limi haqida eshitganimdan afsusdaman.

모친상 소식을 듣게 되어 유감입니다. │
Onangning o'limi haqida eshitganimdan afsusdaman.

장인께서 임종하셨다는 소식을 듣게 되어 유감입니다. │
Qaynotangiz olamdan o'tganidan afsusdaman.

Dialog amaliyoti

A: 김 과장님, 상심이 크시겠습니다. 부친상 소식을 듣게 되어 유감입니다. │
Menejer Kim, siz xafa bo'lishingiz kerak. Otangizning o'limi haqida eshitganimdan
afsusdaman.

B: 위로의 말씀 고맙습니다. │ hamdardliklaringiz uchun rahmat.

A: 어려우시겠지만 힘내시기 바랍니다. │ Bu qiyin, lekin kuchli bo'ling.

B: 네, 고맙습니다. │ rahmat.

~ ni eshitganimdan afsusdaman.

Bir qadam oldinga

회사내 게시판에서 부고를 보게 되는 경우가 있다. 예를 들면, 부고 A 과장님 모친상, 부고 B 부장님 빙모상 등의 부고를 문자메시지나 회사 게시판에서 받게 된다. 부친상은 동료 직원의 아버지가 돌아가셨다는 의미의 용어이다. 모친상은 동료 직원의 어머니가 돌아가셨다는 뜻이다. 그리고 빙모상은 동료 직원의 장모가 돌아가셨다는 것이고, 빙부상은 동료 직원의 장인이 돌아가셨다는 뜻이다. 부서장이나 직장 동료와 같이 장례식장에 갈 경우에는 검은색 계열의 옷을 입고 가는 것이 예절이다.

Ba'zida kompaniyaning e'lonlar taxtasida, birovning o'limi haqida xabar (부고)ni ko'rasiz masalan, ≪부고 A 과장님 모친상≫ (≪O'lim haqida xabar: Menejer A ning onasi vafot etdi≫), ≪부고 B 부장님 빙모상≫ (≪O'lim haqida xabar: Bosh direktor B ning qaynonasi vafot etdi≫). 부친상 - termin (용어), bu hamkasbning otasi olamdan o'tganini bildiradi. 모친상 bir hamkasbining onasi vafot etganligini anglatadi. 빙모상 qaynona degan ma'noni bildiradi (장모) vafot etdi, 빙부상 esa qaynota degani (장인) vafot etdi. Odobga ko'ra, siz hamkasblaringiz va bo'lim boshlig'i bilan dafn marosimiga (장례식장) borganingizda to'q rangli kiyim kiyishingiz kerak.

고인의 명복을 빕니다.

Oila a'zosini yo'qotgan xodimga hamdardlik bildirish uchun nutq

Nutq amaliyoti

고인의 명복을 빕니다. │ Men marhumning tinchligini tilayman.

삼가 고인의 명복을 빕니다. │ Marhumning osoyishtaligini hurmat ila duo qilaman.

삼가 조의를 표하며 고인의 명복을 빕니다. │

Men chin dildan hamdardlik bildiraman va marhumning oromini tilayman.

상고를 당하셔서 상심이 크시겠습니다. 고인의 명복을 빕니다. │

Yo'qotganingizdan xafa bo'lsangiz kerak, marhumning tinchligini tilayman.

Dialog amaliyoti

A: 김 과장님, 상을 당한 직원을 위로하는 표현을 가르쳐주세요. │
   Menejer Kim, menga ta'ziya bildirishni o'rgating.

B: 모니카 씨, 한국에서는 보통 이런 표현을 사용합니다. │
   Monika, Koreyada quyidagi iboralar keng tarqalgan:
   ≪삼가 고인의 명복을 빕니다.≫ │ ≪Men marhumning tinchligini tilayman.≫
   ≪얼마나 상심이 크시겠습니까?≫ │ ≪Sizga juda og'ir bo'lsa kerak.≫
   ≪뭐라고 위로의 말씀을 드려야 할지 모르겠습니다.≫ │
   ≪Yo'qotganingiz uchun sizga hamdardlik bildirish uchun nima deyishni bilmayman.≫
   ≪삼가 조의를 표합니다.≫ │ ≪Men samimiy hamdardlik bildiraman.≫

A: 고맙습니다. │ rahmat.

Bir qadam oldinga

상을 당한 직장 동료의 장례식장에서 해서는 안 되는 말과 행동이 있다. 먼저 해서는 안 되는 표현은 다음과 같다. 돌아가신 분이 왜 돌아가셨는지를 질문하는 것은 바른 예절이 아니다. 그리고 식사를 하면서 건배라는 표현을 사용하는 것도 예의가 아니다. 다음으로 해서는 안 되는 행동에는 장례식장에 같이 온 부서원들과 같이 사진을 찍고 소셜미디어 (social media)에 사진을 올리는 행동이다. 상을 당한 직장 동료를 생각한다면 장례식장에 왔다는 것을 인터넷 상에 알리는 것은 바른 예의가 아닐 것이다.

Hamkasbingizning oila a'zolaridan birining dafn marosimida qabul qilinishi mumkin bo'lmagan xatti-harakatlar (말과 행동) mavjud. Birinchidan, o'lim sababini so'rash noto'g'ri va kechki ovqat stolida tost qilish (건배) odobdan emas (예의). Shuningdek, hamkasblar bilan suratga tushmang va ularni ijtimoiy tarmoqlarga yuklamang (소셜미디어). Agar siz oila a'zosini yo'qotgan hamkasbingizga g'amxo'rlik qilayotgan bo'lsangiz, dafn marosimida bo'lganingiz haqidagi xabarni Internetga joylashtirish mumkin emas.

단어

9과에서 배운 중요 단어 확인하기(9-bo'limdan asosiy lug'atni tekshirish)

Quyidagi so'zlarning to'g'ri ma'nosini yozing

1. 홍보
2. 영상
3. 유감
4. 기능
5. 공유
6. 행사
7. 인사 이동
8. 부고
9. 소식
10. 임종

Bir xil ma'noga ega so'zlarni tanlang

1. natija	• 상심
2. samimiy hamdardlik bildirish	• 위로
3. yangi lavozimga tayinlash / o'tkazish tartibi	• 부친상
4. kengaytma	• 장례식
5. hamdardlik bildirish	• 고인
6. martaba ko'tarilishi	• 성과
7. dafn marosimi	• 삼가 조의
8. qayg'u / bo'shliq	• 승진
9. otaning o'limi	• 발령
10. marhum	• 연장

9과에서 배운 중요 문형 표현을 문장으로 쓰고 말하기

(9-bo limda o'rganilgan iboralar yordamida gaplarni tarjima qiling.)

📄 Nutq amaliyoti

1. Biz barcha xodimlardan kompaniya e'lonlar taxtasini tekshirishlarini so'raymiz.

____

2. Iltimos, fikringizni boshqa hamkasblar bilan baham ko'ring.

____

3. Men darhol kompaniyaning e'lonlar taxtasiga ma'lumot joylashtiraman.

____

4. Iltimos, kompaniya haqida ma'lumot bering.

____

5. To'y fevral oyida bo'ladi.

____

6. Otangizning o'limi haqida eshitganimdan afsusdaman.

____

7. hamdardliklaringiz uchun rahmat.

____

8. Dafn marosimi A kasalxonasida bo'lib o'tadi.

____

9. Men nima deyishni bilmayman.

____

10. Ko'tarilganingiz bilan tabriklaymiz.

____

Kompaniya xabarnomalari

Tegishli iborani qavs ichiga yozing.

대리: 김 과장님, 1.(   ).

과장: 고마워요. 모두 부서원 덕분입니다.

대리: 회사 공지를 보니까 2.(   ).

과장: 네, 거래처를 확장하게 되어 업무가 더 많아질 겁니다.

대리: 그럼, 김 과장님 업무는 누가 담당하실 예정인가요?

과장: 다음주에 3.(   ).

　　　공지가 있기 전까지 4.(   ).

대리: 네, 알겠습니다. 부서원들에게도 알리겠습니다.

Ishora:

1. Ko'tarilganingiz bilan samimiy tabriklayman.
2. Sizni savdo bo'limiga o'tkazishayotganini eshitdim.
3. Xodimlarni qayta tashkil etish to'g'risida bildirishnoma bo'ladi.
4. Men bilan ishlash haqida ma'lumot almashing.

kompaniya kechki ovqati
회식

● ○ ○

회식 관련 표현과 한국회사의 회식 문화 이해하기
Koreya korporativ kechki ovqat madaniyati va tadbir davomida
ishlatiladigan iboralarni tushunish

01. ~은/는 ~에서 합니까? / ~ qayerda bo'ladi?

02. ~때문에 ~하기 어렵습니다. / ~ tufayli ~ qila olmayman.

03. ~(으)로 하겠습니다. / Men ~ tanlayman / tanlayman.

04. ~을/를 못 마십니다. / Men ~ icholmayman.

05. ~이/가 정말 즐거웠습니다. / Menga ~ juda yoqdi.

06. 실례지만, 먼저 ~겠습니다. / Uzr so'rayman. Men ~ birinchi.

Uchrashuv joyi haqidagi savolga javob berish

Nutq amaliyoti

내일 회식은 어디에서 합니까? │ Ertaga korporativ kechki ovqat qayerda bo'ladi?

다음 주 회의는 어디에서 합니까? │ Keyingi hafta uchrashuv qayerda bo'ladi?

금요일 모임은 어디에서 합니까? │ Juma yig'ilishi qayerda bo'ladi?

신입사원 환영식은 어디에서 합니까? │
Tantanali kutib olish marosimi qayerda bo'lib o'tadi??

Dialog amaliyoti

A: 신입사원 알리나 환영식은 어디에서 합니까? │
  Alina, kutib olish marosimi qayerda bo'lib o'tadi?

B: 네, 시내에 있는 한국식당에서 할 예정입니다. │
  Shahar markazidagi koreys restoranida.

A: 몇 시까지 가야 하나요? │ Biz u erda soat nechada bo'lishimiz kerak?

B: 오후 7시부터니까 제 차로 같이 가시지요(가시죠)? │
  19:00da boshlanadi, mashinam bilan boramizmi?

A: 네, 고맙습니다. │ Ha rahmat.

~ qayerda bo'ladi?

 **Bir qadam oldinga**

회사에서의 직원 채용은 크게 경력직원 채용과 신입사원 채용이 있다. 경력직원 채용은 프로젝트를 진행하던 직원이 그만두어 채용을 하거나 회사에 새 부서가 생겨서 그 부서의 체계를 잡기 위하여 채용을 하는 경우이다. 반면에 신입사원 채용은 미래를 보고 채용을 하는 것이기 때문에 현재의 프로젝트 보다는 장기적인 비전을 가지고 새로운 프로젝트를 창출하기 위하여 신입사원을 채용하게 된다.

Koreya kompaniyalarida ishga yollash odatda tajribaga ega xodimlarni (경력직원) yollashga va tajribasiz xodimlarni / yangi kelganlarni yollashga bo'linadi.. Agar loyihaga mas'ul bo'lgan shaxs kompaniyani tark etgan (그만두다) bo'lsa, , yoki kompaniyada yangi bo'lim yaratish zarurati (체계를 잡다) tug'ilganda odatda tajribaga ega xodimlar ishga olinadi Yangi kelganlar esa kelajak (미래) istiqboli bilan, uzoq muddatli istiqbolga (장기적인 비전) ega yangi loyihalar yaratish uchun (창출하다) ishga olinadi..

~때문에 ~하기 어렵습니다.

Uchrashuvda ishtirok etmaslik sababini tushuntirish uchun nutq

Nutq amaliyoti

내일 회의 준비 때문에 오늘 모임은 참석하기(가) 어렵습니다.
Men bugungi uchrashuvda qatnasha olmayman, chunki uchrashuvga tayyorgarlik ko'rishim kerak.

저녁에 가족 모임이 있기 때문에 참석하기 어렵습니다.
Kechqurun oilaviy kechki ovqat tufayli ishtirok eta olmayman.

내일 출장 때문에 참석하기 어렵습니다.
Ertaga xizmat safari bo'lgani uchun qatnasha olmayman.

내일 아침 업무 보고 때문에 오늘 참석하기 어렵습니다.
Bugun qatnasha olmayman, chunki ertaga ertalab hisobot berishim kerak.

Dialog amaliyoti

A: 저녁 7시에 총무팀 회식 있는 거 아시죠?
Soat 19:00da ma'muriy bo'limning korporativ tushligi borligini bilasiz, to'g'rimi?

B: 네, 알고 있습니다. 그런데 저는 내일 출장 준비 때문에 회식에 가기 어렵습니다.
Ha men bilaman. Lekin men bora olmayman, chunki ertangi ish safariga tayyorgarlik ko'rishim kerak.

A: 그래도 오랜만에 하는 회식인데 잠깐이라도 참석하시죠?
Korporativ kechki ovqat uzoq vaqtdan beri birinchi marta o'tkazilmoqda, nega bir muddat kelmaysiz?

B: 저도 그리고 싶지만 비행기가 오전 6시에 출발해서 일찍 공항에 가야 합니다. |
Men ham kelishni xohlardim, lekin samolyot ertalab soat 6 da, shuning uchun siz
aeroportga erta borishingiz kerak.

A: 네, 그렇군요. 출장 잘 다녀오세요. | Tushunmoq. Ish safari yaxshi o'tsin.

 ## Bir qadam oldinga

회사에서 공식적인 회식은 보통 일주일 전에 공지를 하기 때문에 급한 일정이 아니면 참석
하는 것이 바람직하다. 요즘에는 회식자리에서 술을 강하게 권하지 않는 분위기이다. 따
라서 본인이 술에 약하면 솔직하게 자신의 주량을 이야기하는 것이 좋다. 그리고 회식 자
리 분위기에 맞추어 자신의 주량을 조절하는 것도 필요하다. 최근에는 같이 공연을 보거나
봉사활동을 한 후에 하는 회식 자리도 생겨나고 있다. 회식을 너무 부담스러워하지 말고
부서원 간의 소통을 위한 도구로 생각하는 것이 좋을 것이다.

Rasmiy (공식적인) korporativ kechki ovqat haqida bildirishnomalar odatda bir hafta
oldin qilinadi, shuning uchun shoshilinch ish (급한 일정) bo'lmasa, qatnashish (참석하
다) tavsiya etiladi.. Hozirgi muhitda (분위기) hech kim boshqalarni spirtli ichimliklar
ichishga majburlamaydi (권하다). Shuning uchun, agar siz ko'p icholmasangiz, ruxsat
etilgan dozangiz (주량) haqida boshqalar bilan halol bo'lganingiz ma'qul.. Bundan
tashqari, korporativ kechki ovqat atmosferasiga mos ravishda ruxsat etilgan dozangizni
sozlashingiz kerak bo'lishi mumkin. Yaqinda korporativ kechki ovqatlar odatda
tomoshalar (공연) birgalikda tomosha qilgandan keyin yoki ko'ngilli ish (봉사 활동) bilan
shug'ullangandan keyin tashkil etiladi.. Korporativ kechki ovqat haqida salbiy fikrlarga
(부담스러워하다) berilmang, aksincha uni hamkasblar bilan muloqotni (소통) yaxshilash
vositasi sifatida qabul qiling.

03

~(으)로 하겠습니다.

Korporativ kechki ovqat joyini aniqlash uchun nutq aylanmasi

Nutq amaliyoti

오늘 회식은 치킨집으로 하겠습니다.
Kechki korporativ kechki ovqat uchun men tovuq go'shti taklif qiladigan restoranni tanlayman.

오늘 2차는 노래방으로 하겠습니다.
Ikkinchi raund uchun [korporativ kechki ovqat] men karaoke barni olaman.

오늘 모임은 한국식당으로 하겠습니다.
Bugungi uchrashuv uchun koreys restoranini tanlayman.

오늘 1차는 삼겹살 식당으로 하겠습니다.
Bugungi birinchi tur uchun men samgyeopsal xizmat qiladigan restoranni tanlayman.

Dialog amaliyoti

A: 부장님, 오늘 회식은 어디에서 합니까?
　　Bosh direktor, bugun kechqurun korporativ kechki ovqat qayerda?

B: 오늘 회식은 한국 식당으로 하겠습니다.
　　Kechki ovqat uchun koreys restoranini tanlayman.

A: 한국 음식을 먹은지 오래되었는데 좋습니다.
　　Bu yaxshi, chunki men uzoq vaqtdan beri koreys taomlarini yemaganman.

B: 그럼, 6시쯤에 봅시다.　Unda soat 6 da ko'rishguncha.

Bir qadam oldinga

신입사원이 회사에 입사하여 부서 배치를 받으면 신입사원 환영회라는 첫번째 회식 자리를 갖게 된다. 본래 회식의 사전적 의미는 여러 사람이 모여 함께 음식을 먹는다는 뜻이다. 우리가 식구라고 하면 한집에 살면서 같이 식사를 하는 사람을 말한다. 마찬가지로 한국 회사에서 회식의 의미는 회사 동료들을 식구로 인정하며 같이 밥을 먹는 자리라는 것을 알 수 있다. 신입사원이 처음으로 하는 회식 자리는 긴장을 할 수 밖에 없다. 신입사원을 환영하는 회식자리는 신입사원 본인을 부서원 전체에게 알릴 수 있는 자리이기 때문에 가능한 참석한 모든 사람과 이야기를 나누는 것이 좋다.

Yangi kelganlar kompaniyaga joylashib, bo'limlarga tarqatilgach (부서 배치), odatda birinchi korporativ tushlik (회식) sifatida kutib olish marosimi (환영회) o'tkaziladi. "회식"ning asl lug'at ma'nosi bir necha kishining birga ovqatlanish uchun yig'ilishini anglatadi. Koreyaliklar uchun oila a'zosi (식구) bir uyda birga yashaydigan va birga ovqatlanadigan kishidir. Xuddi shu tarzda (마찬가지로) Koreya kompaniyasida korporativ kechki ovqatning ma'nosi - bu oila a'zolari hisoblangan (인정하다) va birga ovqatlanadigan xodimlarning yig'ilishi. Yangi kelgan odamning birinchi korporativ kechki ovqatida asabiylashishi (긴장을 하다) tabiiy. Yangi hodimlar uchun kechki ovqat - bu bo'limdagi barchaga o'zingizni tanishtirish imkoniyati (가능하다), shuning uchun iloji bo'lsa, hamma bilan gaplashgan ma'qul.

~을/를 못 마십니다.

Spirtli ichimliklarni iste'mol qilishni rad etish uchun nutq

Nutq amaliyoti

저는 술을 못 마십니다. │ Men spirtli ichimliklar icholmayman.

저는 소주를 못 마십니다. │ Men soju icholmayman.

저는 약을 먹고 있어서 커피를 못 마십니다. │
Men kofe icholmayman, chunki men dori ichaman.

저는 독한 술을 못 마십니다. │ Men qattiq spirtli ichimliklar icholmayman.

Dialog amaliyoti

A: 알리나 신입사원을 환영합니다. 다같이 건배하겠습니다.
　제가 ≪영업부≫라고 선창을 하면 다같이 ≪화이팅≫이라고 외쳐주세요. │
　Biz yangi kelgan Alinani tabriklaymiz. Keling, tushdi deylik.
　≪Savdo bo'limi≫ deb qichqirishim bilan hamma: ≪Uraaa!≫

B: 네, 알겠습니다. │ Tushundim.

A: 우리 영업부를 위하여~ │ Bizning savdo guruhimiz uchun!

B: 화이팅! │ URAA!

A: 알리나 씨, 한 잔 더 하세요. │ Alina, yana ich.

B: 저는 소주를 못 마십니다. 맥주로 마시겠습니다. │
　Men soju icholmayman. Men pivo ichaman.

Men ~ icholmayman.

Bir qadam oldinga

회사 회식 자리에 참석하게 되면 건배사를 하게 된다. 본래 건배는 상대방과 술잔을 부딪쳐 술이 넘나들게 하여 술에 독이 없다는 것을 보여주기 위하여 생겼다고 한다. 현대 사회에서는 상대방의 건강과 행운을 빌기 위하여 건배를 하게 되었다. 건배를 하면서 ≪건배구호≫를 외치게 되는데 여러가지 재미있는 표현들을 많이 사용하고 있다. 예를 들면, ≪나가자≫라는 건배사는 ≪나라와 가족과 자신을 위하여≫라는 의미로 사용한다. 일반적으로 ≪~위하여≫를 건배사로 자주 사용한다. 영업팀을 위하여, 우리 회사의 발전을 위하여 등 한 두 개 정도의 건배사를 미리 준비하고 한국 회식 자리에 참석하는 것도 회식 자리에서 긴장을 줄일 수 있는 방법이 될 것이다.

Korporativ kechki ovqatda siz tost (건배사) aytishingiz kerak bo'lishi mumkin. Aytishlaricha, tost (건배) dastlab ichimliklarni bir stakandan (술잔) ikkinchisiga to'kilishi uchun mo'ljallangan bo'lib, bu bilan ular tarkibida zahar (독) yo'qligini ko'rsatgan. Bugungi kunda, tost aytayotganda, biz boshqa odamga sog'liq va omad (건강과 행운) tilaymiz. Tost ifodalayotganda (외치다) qiziqarli bo'lishi uchun turli xil qiziqarli iboralardan (건배 구호) foydalanadilar. Masalan: ≪나가자≫ tosti (qani ketdik) anglatadi (의미) ≪나라와 가족과 자신을 위하여≫ (≪mamlakatimiz, oilamiz va o'zimiz uchun(자신)≫). Yoki oddiygina ≪~위하여≫ (≪~uchun≫) oddiy tost kabi ishlatiladi. Oldindan bir nechta tostlarni tayyorlab, masalan ≪영업팀을 위하여≫ (≪Savdo bo'limi uchun≫), ≪우리회사의 발전을 위하여≫ (≪Kompaniyamiz rivojlanishi uchun≫) и va hokazo, va siz Koreya korporativ kechki ovqatida asabiylashmaysiz.

▶▶▶▶▶▶▶▶

Korporativ kechki ovqatda nimani yoqtirganingizni ko'rsatish uchun nutq

Nutq amaliyoti

오늘 모임이 정말 즐거웠습니다. │ Bugungi uchrashuv menga juda yoqdi.

오늘 회식 자리가 정말 즐거웠습니다. │ Bugungi korporativ kechki ovqat menga juda yoqdi.

영업부 행사가 정말 즐거웠습니다. │ Menga savdo tadbiri juda yoqdi.

오늘 노래방 2차가 정말 즐거웠습니다. │ Menga ikkinchi bosqichda karaoke juda yoqdi.

Dialog amaliyoti

가: 어제 회식이 어땠어요? │ Kecha korporativ kechki ovqatingiz qanday o'tdi?

나: 네, 어제 회식 자리가 정말 즐거웠습니다. 부서원들과 서로 더 잘 알게 되었습니다. │
Kechagi korporativ kechki ovqat menga juda yoqdi. Men xodimlarimiz bilan yaqinroq tanishdim.

가: 2차는 어디로 갔어요? │ Ikkinchi davraga qayerga bordingiz?

나: 네, 2차는 노래방으로 갔는데 부서원들 모두 노래를 잘 하시더군요. │
Ikkinchi tur uchun biz karaokega bordik. Hamma juda yaxshi kuylaydi.

Bir qadam oldinga

회사의 회식은 업무 효율을 높이기 위하여 팀 회사 동료끼리 친목을 다지고 서로를 좀 더 알아가기 위한 자리이다. 하지만 모두가 좋아야 할 회식 자리가 한 명이라도 스트레스로 받아들인다면 진정한 회식이 아닐 것이다. 최근에는 회사의 회식 문화가 간소화되어 보통 회식이 1차로 끝나거나 2차를 가도 간단히 커피를 마시는 경우가 많다. 하지만 아직까지도 노래방은 직장 회식의 2차 장소로 많은 직장인들에게 인기가 많다. 회식 자리를 통하여 한국인직원과 외국인직원 사이의 거리를 좁힐 수 있고 한국회사의 회식문화를 이해하게 된다면 모든 직원이 하나가 되는 자리가 될 수 있을 것이다.

Korporativ kechki ovqat - bu xodimlar bilan muloqot qilish (친목을 다지다) va bir-birlarini yaxshiroq bilish uchun joy bo'lib, bu o'z navbatida ish samaradorligini (효율) oshiradi. Biroq, agar bir kishi korporativ kechki ovqatni (진정하다) va u tufayli stressni his qilsa, bu haqiqiy korporativ kechki ovqat emas. Hozirgi kunda korporativ ovqatlanish madaniyati soddalashtirilmoqda (간소화되다) va odatda kechki ovqat birinchi raund (1차) yoki ikkinchi davrada shunchaki bir chashka qahva bilan tugaydi. Biroq, karaoke hali ham korporativ kechki ovqatning ikkinchi bosqichi uchun ofis xodimlari orasida mashhur joy. Korporativ tushlikda koreyalik xodimlar va xorijlik xodimlar o'rtasidagi masofani qisqartirish mumkin va agar chet ellik koreys korporativ tushlik madaniyatini tushunsa, kechki ovqat o'zgacha bo'lishi mumkin.

실례지만, 먼저 ~겠습니다.

Ilgari nutq yig'ilish joyidan birinchi bo'lib chiqib ketardi

Nutq amaliyoti

실례지만, 먼저 일어나겠습니다. │ Uzr so'rayman. Avval ketaman (so'zma-so'z: tur).

실례지만, 먼저 가겠습니다. │ Uzr so'rayman. Men afsusdaman. Men birinchi boraman.

실례지만, 20분 후에 먼저 나가겠습니다. │
Uzr so'rayman. 20 daqiqadan keyin birinchi bo'lib chiqaman.

실례지만, 먼저 가야겠습니다. │ Uzr so'rayman. Men birinchi boraman.

Dialog amaliyoti

A: 김 대리는 2차를 안 가나요? │ Menejer yordamchisi Kim, ikkinchi bosqichga chiqasizmi?

B: 네, 저도 가고 싶습니다. 하지만 중요한 선약이 있습니다.
실례지만, 저 먼저 가겠습니다. │
Men bormoqchiman, lekin muhim uchrashuvim bor. Uzr so'rayman. Men birinchi
boraman.

A: 그래요, 그럼, 내일 봅시다. │ Mayli, ertaga ko'rishguncha.

B: 네, 모두 재미있는 시간 보내세요. │ Hamma yaxshi vaqt o'tkazsin.

Uzr so'rayman. Men ~ birinchi.

Bir qadam oldinga

다음날의 업무에 지장을 주게 될 정도로 과음을 하거나 회식 자리를 오래 가지면 안 된다. 그래서 최근에는 회사마다 회식 문화를 바꾸기 위하여 다음과 같은 공지를 한다. 예를 들면, ≪오늘부터 우리 부서의 회식은 ≪112≫입니다≫라고 한다면, 112의 의미는 ≪한 종류의 술로 회식은 1차까지만 회식자리는 2시간 이내로 끝내십시오≫라는 의미이다. 또는 ≪222≫라고 하는 경우도 있는데 ≪222≫는 술은 반잔만 채우고 상대방에게 두 잔이상 술을 권하지 않으며 마찬가지로 2시간 이내에 회식자리를 마치는 것이다. 그리고 ≪911≫은 회식 시간은 9시까지, 회식 자리는 1차에서 마치고 한 종류 이상의 술을 마시지 않는 것을 의미한다.

Ko'p ichish (과음) yoki korporativ kechki ovqatda uzoq vaqt qolish noo'rin, chunki bu keyingi kun ishingizga xalaqit beradi (지장을 주다). Shunday qilib, yaqinda ko'plab kompaniyalar korporativ kechki ovqat madaniyatini o'zgartirish uchun maxsus qoidalarni yaratib, ularni e'lonlar taxtasiga joylashtirdilar. Masalan, ≪오늘부터 우리 부서의 회식은 ≪112≫입니다≫ (≪Bugundan boshlab korporativ kechki ovqat ≪112≫ qoidaga amal qiladi.≫), Bir turdagi alkogolli korporativ kechki ovqat, ≪1 raund va 2 soatdan ortiq emas degan ma'noni anglatadi≫. Yoki boshqa qoida "222": stakanni faqat yarmiga to'ldirish, boshqalarni ikki martadan ortiq ichishga majburlamang va ikki soat ichida kechki ovqatni tugatish. Yana bir qoida - ≪911≫: 21:00 gacha korporativ kechki ovqat, 1 tur va bir turdagi spirtli ichimliklar.

10과에서 배운 중요 단어 확인하기(10-bo'limdan asosiy lug'atni tekshirish)

Quyidagi so'zlarning to'g'ri ma'nosini yozing

1. 회식
2. 모임
3. 환영식
4. 노래방
5. 차(1차, 2차)
6. 인정
7. 건배
8. 선창
9. 외치다
10. 실례

Bir xil ma'noga ega so'zlarni tanlang

1. kuchli alkogol
2. Hammasi
3. organlarida
4. Tayyorgarlik
5. uzoq vaqt ichida / uzoq vaqt ichida birinchi marta
6. yoqimli
7. muhim
8. turish / ketish
9. haqiqatan ham
10. erta

- 일어나다
- 준비
- 일찍
- 독한 술
- 모두
- 즐겁다
- 정말
- 위하여
- 오랜만에
- 중요하다

10과에서 배운 중요 문형 표현을 문장으로 쓰고 말하기

(10-bo limda o'rganilgan iboralar yordamida gaplarni tarjima qiling.)

📄 Nutq amaliyoti

1. Bugun kechqurun korporativ kechki ovqat qayerda bo'ladi?

____

2. Biz u erda soat nechada bo'lishimiz kerak?

____

3. Uchrashuvga bora olmayman, chunki ertangi uchrashuvga tayyorgarlik ko'rishim kerak.

____

4. Ish safari yaxshi o'tsin.

____

5. Bugungi korporativ kechki ovqat uchun men koreys restoranini tanlayman.

____

6. Keling, birga ichaylik.

____

7. Men soju icholmayman. Men pivo ichaman.

____

8. Bugungi korporativ kechki ovqat menga juda yoqdi.

____

9. Men xodimlarimiz bilan yaqinroq tanishdim.

____

10. Uzr so'rayman. Men 20 daqiqadan keyin birinchi boraman.

____

Integratsiyalashgan amaliyot (종합 연습)

Korporativ kechki ovqat

Tegishli iborani qavs ichiga yozing.

대리: 오늘 회식은 1. (   ).

신입사원: 닭갈비를 먹고 싶었는데 잘 되었네요.

대리: 7시까지 춘천닭갈비로 오세요.

신입사원: 네, 알겠습니다.

(회식 자리)

대리: 소주 마실래요?

신입사원: 2. (   ). 괜찮으면, 맥주를 마시고 싶습니다.

대리: 그래요, 그럼, 맥주를 따르고 3. (   ).

신입사원: 네, 알겠습니다.

대리: 오늘 회식 자리에 처음 참석했는데 어때요?

Ishora:

1. Menyu sifatida achchiq qovurilgan tovuqni tanlayman
2. Men soju icholmayman.
3. Keling, birga tost qilaylik.
4. Hammamiz bir oila ekanimizni his qildim.

Ish safari
출장

다른 회사 방문하여 회사 소개하기
Boshqa kompaniyaga tashrif buyurish va kompaniyangizni tanishtirish

01. ~(으)로 출장을 갑니다. / Men ~ ga xizmat safariga ketyapman.

02. ~(으)로 마중나와 주실 수 있습니까? /
    ~ ga uchrashish/olish uchun mashinada bora olasizmi?

03. ~까지 어떻게 가야 합니까? / ~ ga qanday borishim mumkin?

04. ~은/는 저희 회사의 주력 상품입니다. /
    ~ Kompaniyamizning asosiy mahsuloti.

05. ~을/를 보내드릴 수 있습니다. / Men sizga ~ yuborishim mumkin.

06. ~에 대해 협력하기를 바라겠습니다. /
    Men ~da hamkorlik qilishimizni xohlayman.

~(으)로 출장을 갑니다.

Ish safarining maqsadi va maqsadini ifodalash uchun nutq

Nutq amaliyoti

거래처를 방문하러 러시아로 출장을 갑니다.
Men Rossiyaga xizmat safari bilan mijozni ko'rish uchun ketyapman.

계약을 하러 체코로 출장을 갑니다.
Shartnoma tuzish uchun Chexiyaga xizmat safariga ketyapman.

해외지사 일로 출장을 갑니다. │ Men chet eldagi filialga xizmat safariga ketyapman.

일 때문에 한국으로 출장을 갑니다. │ Ish bilan Koreyaga xizmat safariga ketyapman.

Dialog amaliyoti

A: 이번에 어디로 출장을 가십니까? │ Bu safar ish safari bilan qayerga ketyapsiz?

B: 네, 부장님과 같이 거래처를 방문하러 러시아로 출장을 갑니다.
Men bosh menejer bilan Rossiyadagi mijozga boraman.

A: 러시아로 가면 일정이 길겠습니다. │ Agar siz Rossiyaga borsangiz, jadval uzoq bo'ladi.

B: 네, 모스크바, 카잔, 쌍트뻬테르부르크 등을 방문해야 해서 2주 정도 예상하고 있습니다.
Ha, biz Moskva, Qozon, Sankt-Peterburgga tashrif buyurishimiz kerak, shuning uchun
men taxmin qilamanki, bu 2 hafta davom etadi.

A: 잘 다녀오십시오. │ Sayohatingiz yaxshi o'tsin.

Bir qadam oldinga

출장의 사전적 의미는 업무를 수행하기 위하여 어떤 장소로 나가는 것을 말한다. 회사에서 출장은 원활한 업무수행을 위한 하나의 업무 과정이라고 볼 수 있다. 출장은 국내출장과 해외출장으로 나눌 수가 있다. 그리고 국내출장은 시내출장과 시외출장으로 나눌 수 있다. 출장을 갈 때는 출장 계획안을 작성하여 미리 승차권, 숙박지 등을 준비하는 것이 좋다. 교통을 이용하거나 숙박이 필요한 경우에는 회사 내 관련 규정에 따라 적절한 등급의 숙소와 대중교통을 선택하는 것이 좋다. 그리고 지사에 문의하여 현지 사정을 확인하는 것도 좋은 방법이다.

lug'atda "출장" so'zining ma'nosi – bu o'z xizmat vazifalarini bajarish uchun biror joyga borishdir. Kompaniyada ish safari uzluksiz ishlash (업무수행) uchun ish jarayonlaridan (업무 과정) biri hisoblanadi. Ish safarlarini ichki (국내 출장) va xorijiy turlarga bo'lish mumkin (해외출장). Va mamlakat ichidagi xizmat safarlarini shahar bo'ylab ish safari(시내출장) va shaharlararo bo'lish mumkin (시외출장). Ish safari rejasini (계획안) oldindan tuzish (작성하다) va chiptalar (승차권), turar joy (숙박지) va hokazolarni tayyorlash tavsiya etiladi. Jamoat transporti va turar joy odatda kompaniya qoidalarida (규정) belgilangan sinfga (등급) muvofiq tanlanadi (선택하다). Eng yaxshi usul – kompaniyaning mahalliy filiali bilan mahalliy transport va turar joy holatini tekshirish (현지 사정).

~(으)로 마중나와 주실 수 있습니까?

Ish safariga kelgan odam bilan uchrashish so'rovi uchun nutq aylanmasi

Nutq amaliyoti

공항으로 마중나와 주실 수 있습니까?
Mijozni kutib olish uchun aeroportga bora olasizmi?

기차역으로 마중나와 주실 수 있습니까?
Mijoz bilan uchrashish uchun stantsiyaga bora olasizmi?

버스터미널로 마중나와 주실 수 있습니까?
Mijoz bilan uchrashish uchun avtovokzalga bora olasizmi?

항구로 마중나와 주실 수 있습니까?
Mijoz uchun dengiz portiga bora olasizmi?

Dialog amaliyoti

A: 공항에 언제 도착하십니까? │ Qachon kelasiz?

B: 오전 11시에 도착합니다. 공항으로 마중나와 주실 수 있습니까? │
   Men 11 da yetib kelaman. Meni kutib olish uchun aeroportga kela olasizmi?

A: 네, 걱정하지 마십시오. 항공편명을 알려주세요. │
   Xavotir olmang. Iltimos, menga parvoz raqamingizni ayting.

B: 네, 항공편명은 OS901입니다. │ Parvoz raqami OS901.

A: 그럼, 공항에서 뵙겠습니다. │ Mayli, aeroportda ko'rishguncha.

Bir qadam oldinga

출장을 가기 전에 출장신청서를 작성하여 담당자로부터 승인을 받아야 한다. 출장신청서에서 작성해야 하는 항목은 출장사유, 경비내역, 출장 장소와 일정, 출장 중 업무대행 등에 대하여 작성을 해야 한다. 출장사유는 출장을 가는 이유와 목적을 쓰면 된다. 경비내역에는 현지 숙박비, 교통비, 식비 등을 작성하면 된다. 보통 출장비는 회사 출장비 규정에 따라 지급이 되기 때문에 경비 지출과 관련하여 증빙 서류를 준비하는 것이 중요하다. 출장 장소와 일정 작성은 방문하는 목적지와 거래처의 담당자 부서와 연락처를 작성하여 다음 출장에 필요한 정보로 활용하는 것도 필요하다. 마지막으로 출장 기간 중에 본인의 업무를 대행할 직원에 대한 정보를 작성해야 한다.

Ish safariga borishdan oldin siz xizmat safari uchun ariza (출장신청서) yozishingiz va mas'ul shaxsning roziligini olishingiz kerak. Arizada quyidagilar bo'lishi kerak: sayohat maqsadi (사유), kutilayotgan xarajatlar (경비내역), xizmat safari joyi va jadvali (출장장소 와 일정), xizmat safari davomida kompaniyadagi vazifalaringizni qanday va kim bajarishi rejasi va boshqalar. (출장 중 업무대행). Safarning maqsadiga kelsak, sayohatning sababi va maqsadlarini yozishingiz mumkin. Kutilayotgan xarajatlar nuqtai nazaridan siz turar joy, transport, oziq-ovqat va boshqalar uchun mahalliy xarajatlarni kiritishingiz kerak. Sayohat xarajatlari kompaniyaning ichki qoidalariga (규정) muvofiq qoplanadi (지급되다), shuning uchun barcha xarajatlarni (지출) tasdiqlovchi hujjatlarni (증빙 서류) saqlash tavsiya etiladi. Ish safari joyi va jadvaliga kelsak, siz boradigan joyni (방문), mijoz kompaniyasidagi mas'ul shaxsning aloqa ma'lumotlarini ko'rsatishingiz kerak. Bu ma'lumotlarning barchasi keyingi xizmat safarlarida ishlatilishi (활용하다) mumkin. Va nihoyat, ish safari paytida bosh ofisda o'z vazifalaringizni (대행하다) qanday va kim bajarishi haqida reja tuzishingiz kerak.

Biror joyga qanday borish mumkinligi haqidagi savol uchun nutq ifodasi

Nutq amaliyoti

회사까지 어떻게 가야 합니까? | Kompaniyaga qanday borish mumkin?

공장까지 어떻게 가야 합니까? | Zavodga qanday borishim mumkin?

지점까지 어떻게 가야 합니까? | Filialga qanday borish mumkin?

본사까지 어떻게 가야 합니까? | Bosh ofisga qanday borish mumkin?

Dialog amaliyoti

A: 기차역에 도착했습니다. 지점까지 어떻게 가야 합니까? |
Stansiyaga yetib keldim. Filialga qanday borish mumkin?

B: 네, 기차역에서 2번 트램을 타면 됩니다. 그리고 마지막 정류장에서 내리시면 됩니다.
제가 정류장에서 기다리고 있겠습니다. |
2-tramvayga tushing va oxirgi bekatda tushing. Men avtobus bekatida kutaman.

A: 네, 알겠습니다. 시간이 얼마나 걸립니까? | Tushunarli. Bu qancha vaqt oladi?

B: 30분쯤 걸립니다. 길이 많이 막히니까 택시보다 트램이 더 편할 겁니다. |
Taxminan 30 daqiqa. Tramvay gavjum, shuning uchun taksidan ko'ra tramvay qulayroq
bo'ladi.

A: 네, 그럼, 이따가 뵙겠습니다. | Keyinroq ko'rishguncha.

~ ga qanday borishim mumkin?

Bir qadam oldinga

출장을 가게 된다면 알아 두어야 할 비즈니스 예절이 있다. 먼저 복장은 넥타이를 맨 정장을 입는 것이 좋다. 처음에 인사를 할 때는 상대방의 눈을 바라보면서 악수를 하는 것이 좋다. 그리고 소개 순서는 출장 직원 중에서 직위가 가장 높은 사람이 모든 직원을 차례로 소개하면서 악수를 하는 것이 좋다. 출장을 가면 식당에서 같이 식사를 하게 될 경우도 있으니까 그 나라의 음식문화 예절을 미리 확인하고 가는 것도 필요하다. 출장을 갈 때는 한국적 특색이 담긴 작은 기념품을 준비해 가는 것도 다른 나라에서 비즈니스를 하는 데 있어서 좋은 인상을 줄 수 있다.

Ish safariga chiqishda bilishingiz kerak bo'lgan ish odob-axloq (예절) qoidalari mavjud. Birinchidan, kiyinish qoidalariga kelsak, galstukli kostyum (정장) kiyish tavsiya etiladi. Biror kishini birinchi marta uchratganingizda, uning ko'zlariga qarab qo'l silkiting. Odatda eng yuqori lavozimga ega bo'lgan shaxs o'z hamkasblarini navbat bilan tanishtiradi. Mahalliy restoranda birga kechki ovqat yeyishingiz kerak bo'lgan paytlar ham bo'ladi, shuning uchun avvaldan mamlakatning oziq-ovqat madaniyati va odob-axloq (예절) qoidalarini tekshirib ko'rgan ma'qul. Kichik koreys suvenirlarini (기념품) tayyorlasangiz, hamkasblaringizda yaxshi taassurot qoldirasiz (좋은 인상을 주다).

~은/는 저희 회사의 주력 상품입니다.

Kompaniyaning mahsulotlarini taqdimoti uchun nutq aylanmasi.

Nutq amaliyoti

이 화장품은 저희 회사의 주력 상품입니다.
Ushbu kosmetik mahsulot kompaniyamizning asosiy mahsulotidir.

이 스마트폰은 저희 회사의 주력 상품입니다.
Ushbu smartfon kompaniyamizning asosiy mahsulotidir.

이 전자 제품은 저희 회사의 주력 상품입니다.
Ushbu elektron qurilma kompaniyamizning asosiy mahsulotidir.

이 자동차 부품은 저희 회사의 주력 상품입니다.
Ushbu avtomobil qismi kompaniyamizning asosiy mahsulotlari hisoblanadi.

이 약품은 저희 회사의 주력 상품입니다.
Ushbu dori kompaniyamizning asosiy mahsulotidir.

Dialog amaliyoti

가: 그 제품을 간략하게 소개해 주세요. Iltimos, ushbu mahsulotni qisqacha tanishtiring.

나: 네, 이 화장품은 저희 회사의 주력 상품입니다. 1년에 1000만 개를 생산하고 있습니다.
그리고 유럽 각 지역에 판매지사도 있습니다.
Ushbu kosmetik mahsulot kompaniyamizning asosiy mahsulotidir.
Biz yiliga 10 million dona ishlab chiqaramiz va butun Evropada do'konlarimiz bor.

가: 규모가 큰 회사이군요. 저희 회사와 같이 손을 잡게 되어 기쁘게 생각합니다.
Sizning katta kompaniyangiz bor. Birga ishlashga qaror qilganimizdan xursandman.

나: 네, 앞으로 큰 발전이 있기를 기대하겠습니다.
Ha, biz kelajakda katta rivojlanishni kutamiz.

Bir qadam oldinga

대한무역투자진흥공사(KOTRA: Korea Trade-Investment Promotion Agency)의 유럽주요국 화장품 시장 동향 보고서 (Global Market Report 17-016)를 보면, 유럽 각국에서 한국화장품의 인기가 어느 정도인지를 알 수 있다. 예를 들면, 프랑스에서는 기능성, 바이오, 천연 화장품 등이 인기가 많고, 한국의 스킨케어 제품에 관심이 높다. 독일에서는 건조한 날씨로 인해 보습효과가 우수한 제품과 한국 BB (Blemish Balm)크림과 CC (Color Correct or complete correction)크림 수요가 높다. 영국에서는 인공첨가물이 없는 한국화장품 수요가 계속 증가하고 있다. 이탈리아에서는 한국 화장품이 뷰티 블로거를 통한 입소문을 타기 시작하면서 온라인 유통망을 통해 판매되고 있고 마스크팩과 네일 제품이 인기가 많다. 다른 나라에서는 K-pop 인기에 힘입어 한국 화장품 판매실적은 매년 크게 증가하고 있다.

Agar siz KOTRA (Koreya savdo va investitsiyalarni rivojlantirish agentligi 대한무역투자진흥공사) tomonidan tayyorlangan Yevropa kosmetika bozori hisobotiga (동향 보고서) (Global bozor hisoboti 17-016) qarasangiz, koreys kosmetikasi Evropa mamlakatlarida qanchalik mashhurligini ko'rasiz. Masalan, funksional bio-tabiiy kosmetika (천연 화장품) Fransiyada juda mashhur bo'lib, koreys terini parvarish qilish mahsulotlariga katta qiziqish (관심) bor. Germaniyada iqlimi qurg'oq bo'lgani uchun kosmetika vositalariga, shuningdek, Koreyaning BB (Blemish Balzam) va CC (Color Correct or Complete Correction) kremlariga talab (수요) yuqori. Angliyada sintetik komponentlarsiz koreys kosmetikasiga talab doimiy ravishda o'sib bormoqda (수요가 계속 증가하고 있다). Italiyada koreys kosmetikasi go'zallik bloggeri ular haqida sharh yozganidan so'ng, og'zaki (입소문) og'iz orqali mashhur bo'ldi. Endi kosmetika mahsulotlarini sotish uchun onlayn tarqatish tarmog'i (유통망) mavjud bo'lib, eng mashhur mahsulotlar niqoblar va tirnoq mahsulotlari hisoblanadi. Boshqa mamlakatlarda koreys kosmetikasining sotuvi (판매실적) har yili o'sib bormoqda, bu qisman K-pop musiqasining mashhurligi bilan bog'liq.

05

~을/를 보내드릴 수 있습니다.

Tovarlar ro'yxati, namunalar va boshqalarni yuborishda ishlatiladigan nutq.

Nutq amaliyoti

우선 제품 목록을 보내드릴 수 있습니다.
Yangi boshlanuvchilar uchun men sizga mahsulotlarimiz ro'yxatini yuborishim mumkin.

우선 샘플을 보내드릴 수 있습니다.
Yangi boshlanuvchilar uchun men sizga namunalarimizni yuborishim mumkin.

견적서를 보내드릴 수 있습니다.
Men sizga proforma hisob-fakturani yuborishim mumkin.

신제품 개발 현황서를 보내드릴 수 있습니다.
Men sizga yangi mahsulotni ishlab chiqish bo'yicha holat hisobotini yuborishim mumkin.

Dialog amaliyoti

가: 혹시 제품 목록이 있습니까? │ Sizda mahsulot ro'yxati bormi?

나: 네, 있습니다. 세부 목록은 내일까지 보내드릴 수 있습니다. │
　　Ha, ertaga sizga batafsil mahsulotlar ro'yxatini yuborishim mumkin.

가: 그러면, 내일까지 부탁드리겠습니다. │ Ha, ertaga yuboring.

나: 알겠습니다. 빨리 보내드리겠습니다. │ Tushundim, imkon qadar tezroq yuboraman.

Bir qadam oldinga

해외출장 중에 현지인과 만나 이야기를 하거나 식사를 할 때 주의해야할 몸짓언어(body language)와 손짓 (gesture)들이 있다. 미국으로 출장을 갈 경우에는 처음에 악수를 할 때 상대방의 눈을 봐야 한다. 눈을 마주치지 않고 다른 곳을 보게 되면 실례가 된다. 베트남에서는 식사를 할 때 대접하는 차를 거부하게 되면 무례한 행동이 된다. 영국에서는 손등을 상대방으로 향하게 하고 V자를 하는 손짓은 모욕적인 의미를 가지고 있다. 특히, 영국에서는 사진을 찍을 때 이 손짓을 하게 되면 상대방에게 욕을 먹을 수도 있다. 브라질에서는 손가락으로 원을 그리는 몸짓언어를 사용하면 안 된다. 한국에서는 이것이 돈이나 긍정의 의미로 사용되지만 브라질에서는 모욕적인 의미로 사용된다.

Ish safarida mahalliy aholi bilan gaplashganda yoki ovqatlanayotganda ba'zi tana tili (몸짓언어) va imo-ishoralariga (손짓) e'tibor berishingiz kerak. Amerikada qo'l berib ko'rishganda ko'z bilan aloqa qilish kerak. Ko'zlarga emas, balki boshqa tomonga qarash qo'pollikdir (실례). Vetnamda ovqatlanish vaqtida berilgan choydan voz kechish (대접하다) hurmatsizlikdir (무례한 행동). Angliyada sherigiga qo'lning orqa tomoni bilan "V" belgisini ko'rsatish haqoratli (모욕적인) ma'noga ega. Rasmga tushganingizda bu belgini ko'rsatsangiz, ayniqsa sizni tanqid qilish (욕을 먹다) mumkin. Braziliyada bosh va ko'rsatkich barmog'i bilan aylana imo-ishoralaridan foydalanmaslik kerak. Koreyada bu so'z pul yoki ma'qullash (긍정) degan ma'noni anglatadi, ammo Braziliyada bu haqoratli ma'noga ega.

~에 대해 협력하기를 바라겠습니다.

Hamkorlik qilish istagini ifodalash

Nutq amaliyoti

미래에 자동차 부품에 대해 협력하기를 바라겠습니다.
Kelajakda avtomobil ehtiyot qismlari sohasida hamkorlik qilishimizni istayman.

이 프로젝트에 대해 협력하기를 바라겠습니다.
Men ushbu loyihada birgalikda ishlashimizni xohlayman.

공장 건설에 대해 협력하기를 바라겠습니다.
Men birgalikda zavod qurishimizni xohlayman.

법인 설립에 대해 협력하기를 바라겠습니다.
Men kompaniya qurishda hamkorlik qilishimizni xohlayman.

Dialog amaliyoti

A: 앞으로 같이 일하게 되어 기쁩니다. │ Birgalikda ishlashimizdan xursandman.

B: 먼저, 해외 지사 법인 설립에 대해 협력하기를 바라겠습니다. │
Birinchidan, kompaniyaning xorijiy filialini tashkil etishda hamkorlik qilishimizni istayman.

A: 걱정하지 마십시오. 우리 회사는 이미 표준제품생산 인증을 받았습니다. │
Havotir olmang. Kompaniyamiz allaqachon muvofiqlik sertifikatini olgan.

B: 앞으로 잘 부탁드리겠습니다. │ Sizning mehribon hamkorligingizni kutaman.

Bir qadam oldinga

유럽에서 규정하고 있는 일반적인 법인 회사에는 투자자가 회사의 모든 책임을 갖는 합명회사(Unlimited Partnership), 회사 구성원들도 회사에 책임을 갖는 합자회사 (Limited Partnership), 회사 구성원의 투자 자금으로 등록이 되는 유한책임회사 (Limited Liability Company), 대기업이 주로 설립하는 주식회사 (Joint Stock Company), 협동조합 (Cooperatives) 및 유럽연합 내 특수한 형태의 법인인 유럽회사 (European Company), 유럽경제투자그룹 (European Economic Interest Grouping), 유럽협동사회 (European Cooperative Society) 등이 있다.

Evropada har xil turdagi kompaniyalar mavjud: cheksiz javobgarlik bilan hamkorlik (합명회사), kamida ikkita sherik uning tadbirkorlik faoliyatida yoki uning aktivlarini boshqarishda ishtirok etadigan va uning qarzlari bo'yicha birgalikda va alohida javobgar bo'lgan; cheklangan sheriklik (합자회사), biznesni boshqaradigan va kommandit shirkatning qarzlari va majburiyatlari bo'yicha cheksiz shaxsiy javobgarlikka ega bo'lgan to'liq sherik va mas'uliyati cheklangan, ammo boshqaruvda ishtirok eta olmaydigan kommandit sherikdan iborat; mas'uliyati cheklangan hamkorlik (유한책임회사), unda hamkorlar o'zlari investitsiya qilgan miqdorgacha javobgar bo'ladilar, AKSIADORLIK jamiyati (주식회사), bu yirik korporatsiyalar uchun odatiy shakl, kooperativlar (협동조합) va Evropa Ittifoqiga xos bo'lgan boshqa turdagi kompaniyalar, masalan: Yevropa kompaniyasi (유럽 회사), Iqtisodiy maqsad bilan Yevropaning birlashishi (유럽경제투자그룹), Yevropa kooperativ jamiyati (유럽협동사회) va hokazo.

11과에서 배운 중요 단어 확인하기(1-bo'limdan asosiy lug'atni tekshirish)

Quyidagi so'zlarning to'g'ri ma'nosini yozing

1. 방문 ______________________________
2. 예상 ______________________________
3. 유통망 ______________________________
4. 항공편 ______________________________
5. 공장 ______________________________
6. 지점 ______________________________
7. 마중 ______________________________
8. 약품 ______________________________
9. 생산 ______________________________
10. 예절 ______________________________

Bir xil ma'noga ega so'zlarni tanlang

1. batafsil	• 편하다
2. rivojlantirish / ishlab chiqish	• 유명하다
3. yuridik shaxs.	• 발전하다
4. hamkorlik qilish	• 기대하다
5. hozirgi holat	• 세부
6. kutish	• 건설
7. qulay / qulay.	• 협력
8. hamkorlik.	• 법인
9. qurilish.	• 현황
10. mashhur.	• 손을 잡다

11과에서 배운 중요 문형 표현을 문장으로 쓰고 말하기
(11-bo limda o'rganilgan iboralar yordamida gaplarni tarjima qiling.)

Nutq aylanadi

1. Men Koreyaga xizmat safariga ketyapman.

____

2. Aeroportga [meni/kimdirni] olib ketish uchun kela olasizmi?

____

3. Parvoz raqamingizni ayting.

____

4. Kompaniyaga qanday borish mumkin?

____

5. Bu qancha vaqt oladi?

____

6. Kompaniyamiz avtomatlashtirilgan ishlab chiqarish liniyasi bilan mashhur.

____

7. Hamkorligimizdan xursandman.

____

8. Men sizni darhol yuboraman.

____

9. Men zavod qurishda hamkorlik qilishimizni istayman.

____

10. Sizning mehribon hamkorligingizni kutaman.

____

Integratsiyalashgan amaliyot (종합 연습)

Ish safari

Tegishli iborani qavs ichiga yozing.

대리: 최 과장님, 다음 주에 부장님과 1. (   ).

거래처: 다음주 언제쯤 출발하실 예정입니까?

대리: 월요일 오전에 출발할 겁니다. 혹시 2. (   )?

거래처: 네, 마중나가겠습니다. 3. (   )?

대리: 화요일 오후 3시 도착 예정입니다. 항공편은 RUS2020입니다.

거래처: 네, 알겠습니다. 그럼, 화요일에 공항에서 뵙겠습니다.
　　　　4. (   ).

대리: 네, 오늘 제품 목록을 이메일로 보내드리고 출장 갈 때 신상품 목록을
가져 가겠습니다.

거래처: 네, 알겠습니다. 다음주에 뵙겠습니다.

Ishora:

1. Kompaniyangiz bilan tanishish va shartnoma imzolash uchun xizmat safariga
   boramiz.
2. Aeroportga kelib bizni kutib olasizmi?
3. Parvoz raqamingizni ayta olasizmi?
4. O'zingiz bilan tovarlar ro'yxatini olib kela olasizmi?

Dam olish kuni
휴가

● ○ ○

휴가 신청하기
Dam olish uchun ariza

01. ~을/를 ~아/어/여도 될까요? / Men ~ qila olamanmi?

02. ~때문에 ~ 휴가를 냈습니다. / ~ tufayli ta'til oldim.

03. ~아/어/여서 ~을/를 내기로 했습니다. / ~ tufayli ~ olishga qaror qildim.

04. ~을/를 하고/한 후에/해서 제출하겠습니다. /
　　~ni tugatib/tugatganimdan keyin topshiraman.

~을/를 ~아/어/여도 될까요?

Ta'tilga chiqish uchun ruxsat olish uchun ishlatiladigan nutq

Nutq amaliyoti

내일 반차를 신청해도 될까요?
Ertaga yarim kunlik dam olish uchun ariza berishim mumkinmi?

금요일에 경조 휴가를 신청해도 될까요?
Juma kuni oilaviy ta'tilga (tabriklar/ta'ziyalar hodisasi) murojaat qilsam bo'ladimi?

내일 병가를 신청해도 될까요?
Ertaga kasallik ta'tilini olish uchun ariza berishim mumkinmi?

연차 휴가를 신청해도 될까요? | Dam olish uchun ariza berishim mumkinmi?

다음 달부터 육아 휴직을 신청해도 될까요?
Keyingi oydan boshlab tug'ruq ta'tiliga murojaat qilsam bo'ladimi?

Dialog amaliyoti

A: 이틀 동안 연장 근무를 하였습니다. 보상 휴가를 신청해도 될까요?
   Ikki kun ortiqcha ishladim. Kompensatsiya ta'tiliga murojaat qilsam bo'ladimi?

B: 네, 보상 휴가를 신청해도 됩니다.
   Ha, siz kompensatsiya ta'tiliga murojaat qilishingiz mumkin.

A: 그럼, 내일 보상 휴가를 신청하겠습니다. | Keyin ertaga hujjat topshiraman.

B: 알겠습니다. 그럼, 연장근무 확인서를 제출하세요.
   Hop, unda qo'shimcha ish vaqtining isbotini yuboring.

Men ~ qila olamanmi?

Bir qadam oldinga

시간외 근로수당 (overtime work allowance)은 연장근로, 휴일근로, 야간근로에 대해 지급하는 수당을 말한다. 보통 한국 회사에서 수당을 지급할 때는 근로기준법 53조(Article 53 of the Labor Standards Act)에 명시되어 있는 규정을 따라야 한다. 연장근무 수당은 근로계약서에 정해진 일정 근로시간 이상 근무할 경우에 지급하는 수당이다. 휴일근로 수당은 근무 의무일이 아닌 휴일에 근무할 경우에 지급하는 수당이다. 야간근로 수당은 밤 10시부터 오전 6시 사이의 근무에 대하여 지급하는 수당이다.

Qo'shimcha ish uchun nafaqa (시간외 근로수당) - Bu dam olish kunlari (휴일근로) va tungi vaqtda (야간근로) qo'shimcha ishlaganlik (연장근로) uchun to'lanadigan nafaqa.. Koreya kompaniyalari nafaqa va nafaqalarni to'lashda (지급하다) Mehnat standartlari (근로기준법) to'g'risidagi qonunning 53-bo'limiga rioya qilishlari kerak. Uzoq ish uchun nafaqa (연장근무 수당) - bu shartnomada ko'rsatilgan muddatdagi ish uchun nafaqadir. Dam olish kunlari ish haqi (휴일근로 수당) - bu dam olish kunlarida ishlash uchun to'lanadigan nafaqa, bu kunlarda ishlash majburiyati yo'q (근무 의무일이 아니다). Tungi ish uchun nafaqa (야간근로) - Bu soat 22:00 dan ertalabki 6 gacha ishlash uchun qo'shimcha hisoblanadi.

02

~ 때문에 ~ 휴가를 냈습니다.

Ta'tilga chiqish sababini tushuntirish uchun nutq
(o'tmishni bildirish uchun ishlatiladi, salbiy ma'no bilan)

Nutq amaliyoti

휴일 근무 때문에 보상 휴가를 냈습니다.
Dam olish kunlaridagi ishim sababli kompensatsiya ta'tiliga chiqdim.

병원 치료 때문에 연차 휴가를 냈습니다.
Men yillik ta'tilga chiqdim, chunki kasalxonada davolanishim kerak edi.

빙부상 때문에 경조 휴가를 냈습니다.
Qaynotam vafot etgani uchun oilaviy ta'tilga chiqdim.

모친상 때문에 경조 휴가를 냈습니다.
Onam vafot etgani uchun oilaviy sabablarga ko'ra ta'tilga chiqdim.

Dialog amaliyoti

A: 오빠 결혼식이 언제라고 했죠? │ Akangizning to'yi qachon, deysizmi?

B: 이번주 토요일입니다. 그래서 경조 휴가를 냈습니다.
   Bu shanba. Shuning uchun men oilaviy sabablarga ko'ra ta'tilga chiqdim.

A: 정말 축하합니다. 가족과 즐거운 추억을 만드세요.
   Tabriklaymiz. Umid qilamanki, siz oilangiz bilan vaqt o'tkazasiz
   (yoqimli xotiralar yarating).

B: 고맙습니다, 과장님. │ Rahmat menejer.

Bir qadam oldinga

근로기준법제 43조에 명시되어 있는 한국 회사에서 낼 수 있는 경조휴가 규정은 다음과 같다. 먼저, 직원 본인이 결혼할 경우에는 일요일을 제외하고 5일 동안의 휴가를 받을 수 있다. 그리고 직원 자녀 결혼은 일요일을 제외하고, 형제 · 자매 결혼은 일요일을 포함하여 1일의 휴가를 받을 수가 있다. 부모 및 배우자의 사망은 일요일을 제외하고 4일 동안의 휴가를 받을 수 있고, 배우자 부모가 사망했을 경우에는 일요일을 제외하고 3일 동안의 휴가를 사용할 수가 있다. 그리고 조부모가 사망했을 경우에는 일요일을 포함하여 3일 동안의 휴가를 사용할 수 있다.

Oilaviy bayramlar (경조휴가) to'g'risidagi nizom Koreya Respublikasining Mehnat standartlari to'g'risidagi qonunining 43-moddasida belgilangan (명시되다). Birinchidan, agar xodim turmushga chiqsa yoki o'zi turmushga chiqsa, u yakshanba kunlarini hisobga olmagan holda (제외하다) 5 kunlik ta'tildan foydalanishi mumkin. Agar bu xodimning farzandlarining to'yi bo'lsa - yakshanba kunlarini hisobga olmaganda 1 kun dam olish. Agar xodimning ukasi yoki opasining to'yi bo'lsa (형제·자매) - Yakshanba, shu jumladan 1 kun dam olish. Xodimning turmush o'rtog'i yoki ota-onasi vafot etgan (사망) taqdirda, yakshanba kunlaridan tashqari 4 kundan foydalanish mumkin. Xodimning turmush o'rtog'ining ota-onasi vafot etgan taqdirda - yakshanba kunlarini hisobga olmagan holda 3 kun dam olish. Agar bobo va buvilar (조부모) vafot etgan bo'lsa - 3 kun, shu jumladan yakshanba.

~아/어/여서 ~을/를 내기로 했습니다.

Ta'tilga chiqish sababini tushuntirish uchun nutq (ijobiy va salbiy ma'noda ishlatiladi)

 **Nutq amaliyoti**

다음주에 결혼을 해서 휴가를 내기로 했습니다.
Men ta'tilga chiqishga qaror qildim, chunki kelasi hafta turmushga chiqaman.

집안 어르신이 돌아가셔서 휴가를 내기로 했습니다.
Oilamizning kattasi olamdan o'tgani uchun men ta'tilga chiqishga qaror qildim.

내일 중요한 시험이 있어서 반차를 내기로 했습니다.
Men yarim kun dam olishga qaror qildim, chunki ertaga muhim imtihonim bor.

병원에서 검사를 받아야 해서 병가를 내기로 했습니다.
Men tibbiy ko'rikdan o'tish uchun kasallik ta'tilini olishga qaror qildim.

 **Dialog amaliyoti**

A: 괜찮으세요? 많이 피곤해 보입니다. Y
axshimisan? Siz juda charchagan ko'rinasiz.

B: 네, 몸이 좀 안 좋아서 병가를 내기로 했습니다.
Ha, men o'zimni yomon his qilyapman, shuning uchun kasallik ta'tilini olishga qaror qildim.

A: 병원에서 자세하게 검사를 받아보세요.
Kasalxonada batafsil fizik tekshiruvdan o'ting.

B: 네, 검사 받으러 내일 병원에 갈 겁니다.
Ha, ertaga kasalxonaga tekshiruvdan o'tmoqchiman.

Bir qadam oldinga

유럽에 있는 회사의 유급휴가일수는 보통 25일에서 30일 정도이다. 이 유급휴가에는 법정공휴일은 포함되지 않는다. 회사의 휴가일수가 많을뿐만 아니라 연속으로 2주일이상을 사용할 수도 있다. 예를 들면, 프랑스와 스페인은 30일, 독일과 영국은 28일, 오스트리아, 스위스, 네덜란드 등은 25일, 폴란드는 26일의 휴가일을 사용하고 있다. 이와 비교하면 한국 회사는 근로기준법에 1년이상 근무한 직원은 15일의 휴가를 사용할 수 있다고 명시되어 있다.

Evropa kompaniyalari odatda 25-30 kunlik pullik ta'tilni (유급 휴가 일수) taminlaydi. Bu raqamga qonuniy bayramlar (법정공휴일) kirmaydi. Va nafaqat Evropa kompaniyalari ko'p sonli ta'til kunlarini ta'minlaydi: xodimlar bir vaqtning o'zida ketma-ket (연속으로) ikki haftadan ko'proq vaqt olishlari mumkin. Masalan, Fransiya va Ispaniyada dam olish kunlari soni 30 kun, Germaniya va Buyuk Britaniyada - 28, Avstriya, Shveytsariya va Gollandiyada - 25 kun, Polshada - 26 kun. Taqqoslash uchun, Koreyaning mehnat standartlari to'g'risidagi qonunida bir yildan ortiq ishlagan xodim uchun yillik ta'til 15 kunni tashkil etishi keltirilgan (명시되다).

Ta'tilga ariza berish uchun nutq aylanishi.

Nutq amaliyoti

휴가 규정을 확인하고 휴가 신청서를 제출하겠습니다.
Men qoidalarni tekshiraman va ta'tilga ariza beraman.

휴가 중 직무 대행자를 선임하고 휴가 신청서를 제출하겠습니다.
Men o'rnimga odam tayinlayman va ta'tilga ariza beraman.

휴가 신청 사유를 작성하고 휴가 신청서를 제출하겠습니다.
Sababini yozaman va ta'tilga ariza beraman.

부서장의 결재를 받은 후에 휴가 신청서를 제출하겠습니다.
Bo'lim boshlig'ining ruxsatini olgach, ta'tilga chiqish uchun ariza beraman.

Dialog amaliyoti

A: 다음주에 연차 휴가를 사용하려고 합니다. | Kelgusi hafta ta'tilga chiqaman.

B: 휴가 신청서를 작성해서 주세요. 그리고 부장님의 승인을 받으세요.
Ariza bering va Bosh direktor tomonidan tasdiqlang.

A: 네, 부장님의 결재를 받은 후에 신청서를 제출하겠습니다.
Ha, men bosh direktorning roziligini olgandan keyin ariza beraman.

B: 부장님이 다음달에 출장을 가시니까 미리 준비하세요.
Oldindan tayyorlang, chunki bosh menejer keyingi oy ish safariga boradi.

A: 네, 알겠습니다. | Ha tushundim.

~ni tugatib/tugatganimdan keyin topshiraman

 **Bir qadam oldinga**

외국인 직원이 한국기업에서 근무를 하면서 기업문화의 차이를 느끼게 되는 경우가 있다. 이것은 한국기업의 규정이나 시스템의 차이에서 느끼게 되는 한국기업 특유의 조직문화 에서 오는 경우가 많다. 그리고 한국직원과 외국직원이 살아온 환경, 역사, 문화가 다름으 로 인해 발생하는 경우가 많다. 외국직원에게 한국기업의 조직문화만을 강요한다거나 외 국직원이기 때문에 한국 직장문화가 다르다는 것을 인정하지 않으려고 한다면 한국회사 에서 일하는 것은 본인뿐만 아니라 회사의 발전에도 도움이 되지 않을 것이다. 직장문화가 서로 다른 것을 인정하고 한국기업의 직장문화를 함께 만드는 것이 본인과 회사 발전을 위 하여 필요할 것이다.

Koreya kompaniyasida ishlagan xorijlik ko'pincha korporativ madaniyatdagi farqni his qilishi mumkin. Ko'pgina hollarda Koreya korporativ madaniyatining (조직문화) o'ziga xosligi (차이: farqi) uning o'ziga xos korporativ tizimi va kompaniyaning ichki qoidalarida (규정) sezilishi mumkin. Chet elliklar va koreyslar o'sib-ulg'aygan sharoitlar (살아온 환경), ularning tarixi (역사) va madaniyati (문화) ham har xil. Chet ellik koreys korporativ madaniyati chet ellik xodimlarga faqat koreys kompaniyasi bo'lgani uchun yoki siz xorijlik bo'lganingiz uchun qattiq yuklanganini tushunishi va o'ylamasligi kerak, korporativ madaniyatdagi farqlarni qabul qilmasligingiz odatiy holdir. Aks holda, Koreya kompaniyasida ishlash shaxsiy rivojlanishga (발전) ham, kompaniya rivojlanishiga ham yordam bermaydi. Tafovutlarni tan olish (인정하다) va Koreya korporativ madaniyatini shakllantirishda birgalikda ishtirok etish muhim, bu ham xodimning, ham kompaniyaning rivojlanishiga (발전) hissa qo'shadi.

12과에서 배운 중요 단어 확인하기(12-bo'limdan asosiy lug'atni tekshirish)

Quyidagi so'zlarning to'g'ri ma'nosini yozing

1. 육아
2. 휴직
3. 경조
4. 반찬
5. 병가
6. 연차
7. 보상
8. 휴일
9. 추억
10. 검사

Bir xil ma'noga ega so'zlarni tanlang

1. qoidalar / qoidalar	• 집안
2. almashtirish	• 어르신
3. Bo'lim boshlig'i	• 돌아가시다
4. tayinlash / tanlash	• 규정
5. o'lish / o'lish	• 직무
6. yozish	• 대행자
7. sabab	• 선임
8. oila / uy	• 사유
9. ish / vazifalar	• 부서장
10. kattalar	• 작성하다

12과에서 배운 중요 문형 표현을 문장으로 쓰고 말하기
(12-bo limda oʻrganilgan iboralar yordamida gaplarni tarjima qiling.)

Nutq aylanadi

1. Kompensatsiya ta'tiliga murojaat qilsam bo'ladimi?

2. Qo'shimcha ish vaqtini tasdiqlovchi hujjatni taqdim eting.

3. Ukam/singlimning to'yi tufayli ta'tilga chiqdim.

4. Umid qilamanki, siz oilangiz bilan vaqt o'tkazasiz.

5. O'zimni yaxshi his qilmayotganim uchun kasallik ta'tilini olishga qaror qildim.

6. Ertaga tibbiy ko'rikdan o'tish uchun shifoxonaga boraman.

7. Sababini yozing va ta'tilga ariza bering.

8. Bosh direktor xizmat safarida.

9. Siz charchagan ko'rinasiz.

10. Ikki kun ortiqcha ishladim.

Dam olish uchun ariza

✏️ **Tegishli iborani qavs ichiga yozing.**

대리: 많이 1. (   ). 괜찮으세요?

신입사원: 지난 주에 야근을 해서 감기에 걸렸습니다.

대리: 병원에 가서 진료를 받아 보세요.

신입사원: 네, 그래서 2. (   ).

대리: 병원 예약은 했어요? 언제쯤 갈 거예요?

신입사원: 네, 다음주 화요일로 예약했습니다.

대리: 빨리 진료를 받는 게 좋겠어요.

　　　내일이 금요일이니까 3. (   ).

신입사원: 네, 금요일에 4. (   ).

대리: 건강 잘 챙기세요.

Ishora:

1. Siz (juda) charchagan ko'rinasiz.
2. Men kasallik ta'tilini olishga qaror qildim.
3. Kasalxonada davolanishdan keyin yaxshi dam oling.
4. Uchrashuvni belgilashim mumkinligini tekshiraman (juma).

Ilova
부록

● ○ ○

1 Topshiriq

Quyidagi so'zlarning to'g'ri ma'nosini yozing

1. 전공 — mutaxassislik
2. 본사 — Bosh idora
3. 지사 (지점) — filiali
4. 인사부 (팀) — kadrlar bo'limi
5. 총무부 — ma'muriy bo'lim
6. 연봉 — yillik ish haqi
7. 복지 — ijtimoiy yordam
8. 급여 — ish haqi
9. 근무 시간 — ish vaqti
10. 지원 — qo'llab-quvvatlash

Bir xil ma'noga ega so'zlarni tanlang

1. Filial — • 지사
2. Imtiyozlar / imtiyozlar — • 혜택
3. Chet elda sotish bo'limi — • 해외사업부
4. Savdo kompaniyasi — • 무역회사
5. Ma'muriyat — • 관리
6. Madaniyat markazi — • 문화원
7. Yashash narxi — • 숙박비
8. Aviachipta — • 항공료
9. doimiy bandlik — • 근속
10. Pullik — • 유급

2 Topshiriq

Nutq aylanishi

1. 제 이름은 라지즈입니다.
2. 저는 P대학교에서 한국어학을 전공했습니다.
3. 대학교에서 무엇을 전공했습니까?
4. 한국회사에서 일한 적이 있습니까?
5. 얼마동안 회사에서 일했습니까?
6. 저는 총무부(팀)에서 일하고 싶습니다.
7. 직원 혜택에 대하여 물어봐도 될까요?
8. 회사 휴가제도에 대하여 알고 싶습니다.
9. 도움이 필요하면 언제든지 이야기하세요.
10. 근무시간은 어떻게 됩니까?

Integratsiyalashgan amaliyot

1. 제 이름은 레나르입니다.
2. H회사에 지원했습니다.
3. 부서에 대해 말해주세요.
4. 회사 근무시간에 대해 질문해도 될까요?
5. 한 가지 더 여쭤봐도 될까요?
6. 친절한 안내 고맙습니다.

1 Topshiriq

Quyidagi so'zlarning to'g'ri ma'nosini yozing

1. 지원[하다]   topshirish [ariza]
2. 역할   roli
3. 책임   mas'uliyat
4. 경력   ish tajribasi
5. 제품   mahsulot
6. 경험   tajriba
7. 장점   afzallik / ortiqcha
8. 관리자   administrator
9. 전문가   mutaxassis
10. 최선   eng zo'r

Bir xil ma'noga ega so'zlarni tanlang

1. rag'batlantirish   • 승진 (진급)
2. atmosfera   • 분위기
3. maqsad   • 목표
4. diqqat   • 집중력
5. Bo'lim boshlig'i   • 부서장
6. fikr   • 의견
7. davr   • 기간
8. zaiflik / kamchilik   • 단점
9. imkoniyat / imkoniyat   • 기회
10. optimistik   • 긍정적

Nutq aylanishi

1. 영업부에 지원한 라지즈입니다.
2. 저는 부서의 책임자가 되고 싶습니다.
3. 본인의 최종 목표는 무엇입니까?
4. 우리 부서에서 무슨 업무를 맡고 싶습니까?
5. 부서를 책임지는 과장이 되고 싶습니다.
6. 저의 가장 큰 장점은 긍정적인 성격입니다.
7. 저의 목표는 이 분야에서 전문가가 되는 것입니다.
8. 앞으로 어떤 계획이 있습니까?
9. 저에게 면접 기회를 주셔서 고맙습니다.
10. A회사에서 일할 수 있는 기회가 주어진다면 최선을 다하겠습니다.

Integratsiyalashgan amaliyot

1. 영어부서에 지원한 모니카입니다.
2. 전공이 무엇입니까?
3. A회사에 지원한 동기는 무엇입니까?
4. 한국회사에서 일한 경험이 있습니까?
5. 장점에 대해 말해 보세요.
6. 일할 수 있는 기회를 주신다면 최선을 다해 일하겠습니다.

1 Topshiriq

Quyidagi so'zlarning to'g'ri ma'nosini yozing

1. 수당 — qo'shimcha to'lov /qo'shimcha to'lov
2. 승진 — ko'tarilish
3. 연장근무 — ortiqcha ish
4. 출장 — ish safari
5. 거래처 — mijoz
6. 배웅 — kuzatish [ketish]
7. 참석 — ishtirok etish
8. 교통사고 — avtohalokat
9. 죽다 (돌아가시다) — o'lish / o'lish
10. 보고 — hisobot

Bir xil ma'noga ega so'zlarni tanlang

1. Shoshilinch narsa · 급한 일
2. Hisobot · 보고서
3. Mijoz · 거래처
4. Kun tartibi · 의제
5. Suhbat (yuzma-yuz) · 면담
6. Mahsulot · 제품
7. Yozish · 작성
8. Yo'qligi (ishda) · 결근
9. bahona/bahona · 핑계
10. Yetkazib berish [buyum] · 배송

Nutq aylanishi

1. 영업부 근무시간은 오전 9시부터 오후 5시까지입니다.

2. 일이 많을 때는 어떻게 합니까?

3. 실례지만, 내일 출장 때문에 먼저 퇴근하겠습니다.

4. 화요일까지 이 일을 마무리해 주세요.

5. 아침에 중요한 회의가 있으니까 내일 일찍 출근해 주세요.

6. 부서의 모든 직원이 참석할 거예요.

7. 어제 갑자기 교통사고가 나서 결근했어요.

8. 어제 왜 결근했습니까?

9. 보고서가 늦어져서 죄송합니다.

10. 늦어도 목요일까지는 보고서를 준비하겠습니다.

Integratsiyalashgan amaliyot

1. 중요한 회의가 있으니까 일찍 출근하세요.

2. 회의 준비를 해야 하니까 8시까지 출근해야 합니다.

3. 늦어서 죄송합니다.

4. 갑자기 교통사고가 나서 늦었습니다.

1 Topshiriq

Quyidagi so'zlarning to'g'ri ma'nosini yozing

1. 자료　　　　　material / hujjat
2. 계획서　　　　reja
3. 출력　　　　　chop etish
4. 발표　　　　　taqdimot
5. 참고　　　　　havola
6. 회의록　　　　yig'ilish protokoli
7. 제출　　　　　topshirish
8. 결재　　　　　avtorizatsiya / tasdiqlash
9. 환영　　　　　qabul qilish / salomlashish
10. 회식　　　　korporativ kechki ovqat

Bir xil ma'noga ega so'zlarni tanlang

1. maydalagich　　　　　　　　　　　　　• 파쇄기
2. kichik xodim　　　　　　　　　　　　　• 후임
3. Ko'p funktsiyali xona / ofis oshxonasi　• 다용도실
4. E'lonlar doskasi　　　　　　　　　　　• 게시판
5. Mehribonlik　　　　　　　　　　　　　• 친절
6. Qabulxona / kotib kabineti　　　　　　• 비서실
7. Ekskursiya　　　　　　　　　　　　　• 안내
8. Katta hodim　　　　　　　　　　　　　• 선임
9. Jamoatchilik bilan aloqalar bo'limi　　• 홍보실
10. Qiziqish　　　　　　　　　　　　　　• 관심

Nutq aylanishi

1. 언제까지 회의자료를 출력해야 될까요?

2. 회의 참가자가 모두 몇 명인지 아세요?

3. 이 보고서를 언제까지 제출해야 하나요?

4. 중요한 보고서이니까 내일까지 체출하세요.

5. 비서실은 어디에 있습니까?

6. 홍보실은 어디에 있습니까?

7. 이메일 회신에 감사합니다.

8. 모든 부서에 알려야 합니까?

9. 제품에 대한 관심에 고맙습니다.

10. 회사를 위하여 최선을 다하겠습니다.

1. 회의 안건을 회사 게시판에 공지하세요.

2. 회사 게시판 프로그램 사용 방법을 가르쳐주시면 고맙겠습니다.

3. 회의 장소는 결정이 되었나요?

4. 중요한 회의니까 내가 먼저 게시판에 알릴게요.

정답 (To'g'ri javoblar)

1 Topshiriq

Quyidagi so'zlarning to'g'ri ma'nosini yozing

1. 회의실	konferentsiya xonasi
2. 영업이익	Operatsion foyda
3. 메시지	xabar
4. 공지	bildirishnoma
5. 참석 여부	ishtirok etadi yoki yo'q
6. 안건	masala (kun tartibidagi)
7. 담당자	mas'ul shaxs
8. 성함	ism (hurmatli shakl)
9. 연락처	Bog'lanish uchun ma'lumot
10. 방금	hozir / bir daqiqa oldin

Bir xil ma'noga ega so'zlarni tanlang

1. Qoldirish (xabar)	• 남기다
2. sana va vaqt	• 일시
3. jarayon (ish)	• 진행 상황
4. mahsulot	• 제품
5. mijoz	• 거래처
6. ofisdan tashqarida ishlash	• 외근
7. broshyura	• 설명서
8. jadval	• 일정
9. telefonda gaplashish	• 통화
10. maqsad / savol (qo'ng'iroq)	• 용건

Nutq aylanishi

1. 일정을 말씀드리려고 전화드렸습니다.
2. 제품 설명서를 받았는지 확인하려고 전화드렸습니다.
3. 김 대리와 통화할 수 있을까요?
4. 지금 자리에 안 계십니다.
5. 무슨 일로 전화하셨습니까?
6. 언제 통화할 수 있을까요?
7. 연락처를 남기시겠습니까?
8. 회의 장소를 다시 말씀해주시겠습니까?
9. 참석자가 10명이라고 전해주시겠습니까?
10. 참석 여부를 다시 한번 확인하고 싶습니다.

Integratsiyalashgan amaliyot

1. 박 과장님과 통화할 수 있을까요?
2. 외근 중이십니다.
3. 메시지를 남기시겠습니까?
4. 전화했다고 전해주시겠습니까?
5. 시간을 다시 말씀해 주시겠습니까?
6. 그렇게 전하겠습니다.

1 Topshiriq

Quyidagi so'zlarning to'g'ri ma'nosini yozing

1. 발송 — yuborish
2. 보고 — hisobot
3. 수신 — oluvchi / oluvchi
4. 수량 — miqdori
5. 신상품 — Yangi mahsulot
6. 전시회 — ko'rgazma
7. 회신 — javob berish (elektronpochta orqali)
8. 견적서 — dastlabki hisob
9. 지원서 — bayonot
10. 이력서 — rezyume

Bir xil ma'noga ega so'zlarni tanlang

1. ko'rish / nusxalash — • 참조
2. bo'lim xodimlari — • 부서원
3. kotib — • 비서
4. ilova — • 첨부
5. qo'ng'iroq / aloqa — • 연락하다
6. sog'lom bo'lish — • 건승하다
7. harakat — • 이동하다
8. ofisdan tashqarida bo'lish — • 부재 중
9. mijozlarga xizmat ko'rsatish markazi — • 고객센터
10. yig'ilish protokoli — • 회의록

Nutq aylanishi

1. 일정을 확인하려고 이메일을 씁니다.

2. 확인 후에 바로 연락드리겠습니다.

3. 이메일 수신 여부에 대해 문의드립니다.

4. 내일 오전에 다신 연락드리겠습니다.

5. 어떤 서류를 준비해야 합니까?

6. 지원서와 이력서를 보내주십시오.

7. 이메일을 보낼 때 김 대리도 참조로 넣어주세요.

8. 제품 목록을 첨부합니다.

9. 연락처는 다음과 같습니다.

10. 부재중에는 제 비서에게 연락주십시오.

1. 이메일을 보냈는데 회신이 없습니다.

2. 이메일을 보낼 때 저도 참조로 넣어주세요.

3. 담당자가 부재중이어서 김 과장님이 회신을 주었습니다.

4. 김 과장님 회신을 전달해 주세요.

정답 (To'g'ri javoblar)

1 Topshiriq

Quyidagi so'zlarning to'g'ri ma'nosini yozing

1. 식품	ovqat
2. 의약품	dori
3. 승인	tasdiqlash / ruxsat
4. 인증	sertifikatlash
5. 절차	tartib
6. 마무리	tugatish
7. 결재	ruxsat
8. 제출	o'zgartirish
9. 수당	qo'shimcha to'lov / qo'shimcha to'lov
10. 마감일	muddat

Bir xil ma'noga ega so'zlarni tanlang

1. keyin emas	• 늦어도
2. maxsus	• 특별
3. xato	• 실수
4. afzallik / ortiqcha	• 장점
5. istalgan vaqtda	• 언제든
6. noto'g'ri	• 틀리다
7. qo'lingdan kelganini qilish	• 최선
8. tekshiring / tasdiqlang	• 확인
9. tagiga chizish	• 밑줄
10. savol	• 질문

Nutq aylanishi

1. 보고서는 잘 되어가고 있습니까?
2. 인증 준비는 잘 되어가고 있습니까?
3. 이번주까지 끝낼 수 있을 겁니다.
4. 다음주 월요일까지 보고서를 마무리하겠습니다.
5. 늦어도 오후까지 제출해 주세요.
6. 주문 확인에 관한 결재 부탁드립니다.
7. 일정을 다시 한번 확인하겠습니다.
8. 이해가 안 되거나 질문이 있으면 언제든지 질문하세요.
9. 마감일을 다시 한번 확인하겠습니다.
10. 확인 후에 바로 연락드리겠습니다.

Integratsiyalashgan amaliyot

1. 보고서는 잘 진행되고 있습니까?
2. 늦어도 오후까지 제출해 주세요.
3. 오후까지 마무리하겠습니다.
4. 수량도 다시 한번 확인하세요.

1 Topshiriq

Quyidagi so'zlarning to'g'ri ma'nosini yozing

1. 판매	sotish
2. 예산	byudjet
3. 논의	munozara
4. 요약본	xulosa / konspekt / xulosa
5. 전략	strategiya
6. 전반기	birinchi yarmi
7. 동의	kelishuv
8. 퇴근	ishni tugatish / ishdan uyga qaytish
9. 예정	kutilgan
10. 제안	taklif

Bir xil ma'noga ega so'zlarni tanlang

1. birinchi navbatda / birinchi navbatda • 먼저
2. aytish (hurmatli shakl) • 말씀하다
3. tugatish • 마치다
4. strategiya • 전략
5. muammo • 문제
6. taklif qilish • 제안하다
7. yig☒ilish • 모이다
8. yechim • 해결
9. tugash • 끝나다
10. sanani belgilash • 날짜를 정하다

Nutq aylanishi

1. 판매 계획을 논의하려고 오늘 모였습니다.
2. 이어서 계속 이야기를 하겠습니다.
3. 오늘 이야기할 안 건이 두 개 있습니다.
4. 여러분이 동의하시면 그렇게 하겠습니다.
5. 점심시간 전까지 회의를 마칠 예정입니다.
6. 회의가 언제쯤 끝날까요?
7. 회의 후에 같이 점심식사를 할까요?
8. 이 문제에 대해 어떻게 생각하십니까?
9. 끝나기 전에 하실 말씀이 있습니까?
10. 다음 회의는 금요일 오전에 있을 겁니다.

Integratsiyalashgan amaliyot

1. 판매 전략을 논의하려고 오늘 모두 모였습니다.
2. 같이 논의할 안건은 모두 3개입니다.
3. 늦어도 점심시간 전까지 회의를 마칠 겁니다.
4. 회의를 마치기 전에 질문이 있습니까?
5. 다음 회의는 금요일 오전에 있을 예정입니다.

1 Topshiriq

Quyidagi so'zlarning to'g'ri ma'nosini yozing

1. 홍보 — rag'batlantirish
2. 영상 — video
3. 유감 — afsus
4. 기능 — funktsiyasi
5. 공유 — baham ko'ring
6. 행사 — voqea
7. 인사 이동 — kadrlarni qayta tashkil etish
8. 부고 — o'lim haqidagi xabar
9. 소식 — Yangiliklar
10. 임종 — o'lish / o'lish

Bir xil ma'noga ega so'zlarni tanlang

1. natija — • 성과
2. samimiy hamdardlik bildiradi — • 삼가 조의
3. yangi lavozimga tayinlash / o'tkazish tartibi — • 발령
4. kengaytma — • 연장
5. hamdardlik bildiradi — • 위로
6. Ko⊠tarilish — • 승진
7. dafn marosimi — • 장례식
8. qayg'u / bo'shliq — • 상심
9. otaning o'limi — • 부친상
10. marhum — • 고인

Nutq aylanadi

1. 직원 분들은 모두 회사 게시판을 확인해 주세요.
2. 부서원들과 아이디어를 공유해 주세요.
3. 회사 게시판에 정보를 바로 올리겠습니다.
4. 회사 정보를 공유해주세요.
5. 결혼식은 2월에 있을 예정입니다.
6. 부친상 소식을 듣게 되어 유감입니다.
7. 위로의 말씀 고맙습니다.
8. 장례식은 A병원에서 있을 예정입니다.
9. 뭐라고 말씀드려야 할지 모르겠습니다.
10. 승진을 축하드립니다.

1. 승진을 진심으로 축하드립니다.
2. 영업부로 옮기실 예정이라고 들었습니다.
3. 인사 이동 공지가 있을 예정입니다.
4. 업무 내용을 나에게 공유해 주세요.

1 Topshiriq

Quyidagi so'zlarning to'g'ri ma'nosini yozing

1. 회식	korporativ kechki ovqat
2. 모임	yig'ilish / yig'ilish
3. 환영식	kutib olish marosimi
4. 노래방	karaoke
5. 차 (1차, 2차)	davra (birinchi tur, ikkinchi tur)
6. 인정	qabul qilish / tan olish
7. 건배	tost
8. 선창	boshlash / olib borish
9. 외치다	baqirish, qichqirish; otini aytib chaqirish
10. 실례	ishonch

Bir xil ma'noga ega so'zlarni tanlang

1. kuchli alkogol	• 독한술
2. Hamma	• 모두
3. uchun	• 위하여
4. Tayyorgarlik	• 준비
5. uzoq vaqt ichida / uzoq vaqt ichida birinchi marta	• 오랜만에
6. yaxshi	• 즐겁다
7. muhim	• 중요하다
8. turish / ketish	• 일어나다
9. haqiqatan ham	• 정말
10. erta	• 일찍

2 Topshiriq

Nutq aylanishi

1. 오늘 회식은 어디에서 있습니까?
2. 몇 시까지 가야 합니까?
3. 내일 회의 준비 때문에 오늘 모임에는 참석하기 어렵습니다.
4. 출장 잘 다녀오세요.
5. 오늘 회식은 한국식당으로 하겠습니다.
6. 다같이 건배하겠습니다.
7. 저는 소주를 못 마십니다. 맥주를 마시겠습니다.
8. 오늘 회식 자리가 정말 즐거웠습니다.
9. 부서원들과 서로 잘 알게 되었습니다.
10. 실례지만, 20분 후에 먼저 나가겠습니다.

Integratsiyalashgan amaliyot

1. 닭갈비로 하겠습니다.
2. 저는 소주를 못 마십니다.
3. 같이 건배합시다.
4. 가족 같은 느낌이 들었습니다.

1 Topshiriq

Quyidagi so'zlarning to'g'ri ma'nosini yozing

1. 방문	tashrif buyuring
2. 예상	taxmin / kutish
3. 유통망	tarqatish tarmog'i
4. 항공편	reys
5. 공장	zavod
6. 지점	filiali
7. 마중	uchrashuv (aeroportda / vokzalda kimdir va hokazo)
8. 약품	dori / dorilar
9. 생산	ishlab chiqarish
10. 예절	odob-axloq qoidalari

Bir xil ma'noga ega so'zlarni tanlang

1. batafsil	• 세부
2. rivojlantirish / ishlab chiqish	• 발전하다
3. yuridik shaxs	• 법인
4. hamkorlik qilish	• 손을 잡다
5. hozirgi holat	• 현황
6. kutish	• 기대하다
7. qulay / qulay	• 편하다
8. hamkorlik	• 협력
9. qurilish	• 건설
10. mashhur	• 유명하다

2 Topshiriq

Nutq aylanishi

1. 한국으로 출장을 갑니다.

2. 공항으로 마중나와 주실 수 있습니까?

3. 항공편을 알려 주세요.

4. 회사까지 어떻게 가야합니까?

5. 시간이 얼마나 걸립니까?

6. 우리회사는 자동화 생산으로 유명합니다.

7. 같이 손을 잡게되어 기쁩니다.

8. 빨리 보내드리겠습니다.

9. 공장 건설에 대해 협력하기를 바랍니다.

10. 앞으로 잘 부탁드리겠습니다.

Integratsiyalashgan amaliyot

1. 계약차 귀사로 출장을 갈 겁니다.

2. 공항으로 마중나와 주실 수 있습니까?

3. 항공편이 어떻게 됩니까?

4. 오실 때 제품 목록도 부탁드립니다.

정답 (To'g'ri javoblar)

1 Topshiriq

Quyidagi so'zlarning to'g'ri ma'nosini yozing

1. 육아 — chaqaloq parvarishi
2. 휴직 — maoshsiz dam olish
3. 경조 — oilaviy tadbir / tabriklar yoki ta'ziyalar
4. 반차 — yarim kunlik tanaffus
5. 병가 — kasallik ta'tillari
6. 연차 — yillik otpuska, yilik ta'til
7. 보상 — kompensatsion
8. 휴일 — bayram / dam olish kuni
9. 추억 — xotiralar
10. 검사 — tekshirish / tekshirish

Bir xil ma'noga ega so'zlarni tanlang

1. qoidalar / qoidalar — 규정
2. almashtirish — 대행자
3. Bo'lim boshlig'i — 부서장
4. tayinlash / tanlash — 선임
5. o'lish / o'lish — 돌아가시다
6. yozish — 작성하다
7. sabab — 사유
8. oila / uy — 집안
9. ish / vazifalar — 직무
10. kattalar — 어르신

Nutq aylanishi

1. 보상 휴가를 신청해도 될까요?

2. 연장근무 확인서를 제출하세요.

3. 동생 결혼식이 있어서 휴가를 냈습니다.

4. 가족과 즐거운 추억을 만드세요.

5. 몸이 아파서 병가를 내기로 했습니다.

6. 검사 받으러 내일 병원에 갈 겁니다.

7. 휴가 사유를 작성하여 휴가신청서를 제출해주시기 바랍니다.

8. 부장님은 출장 중입니다.

9. 많이 피곤해 보입니다.

10. 이틀 동안 연장근무를 했습니다.

Integratsiyalashgan amaliyot

1. 피곤해 보입니다.

2. 병가를 내기로 했습니다.

3. 병원에서 진료를 받고 푹 쉬도록 하세요.

4. 예약이 가능한지 알아 보겠습니다.

**저자
소개**

곽부모 Bumo Kvak

연세대에서 한국어교육학 석사를 취득하고 러시아국립카잔연방대학에서 언어학 박사학위를 받았다. 20년 동안 러시아, 슬로베니아, 체코, 중앙아시아 등의 대학에서 교수로 가르쳤으며, 현재 많은 제자들이 한국 기업에서 근무 중이다. 이들 학생들에게 도움을 주고자 이 책을 집필하였다.

『한국어 말하기 평가』 외 다수의 공저와 한국어교육학, 언어학 관련 다수의 논문이 있다.

E-mail: hangeul@kangwon.ac.kr

비즈니스 한국어 문형
우즈베크어권 학습자를 위하여

초판 1쇄 인쇄	2024년 9월 20일
초판 1쇄 발행	2024년 9월 30일

지은이	곽부모
펴낸이	이대현
편 집	이태곤 권분옥 임애정 강윤경
디자인	안혜진 최선주 강보민
마케팅	박태훈

펴낸곳	도서출판 역락
출판등록	1999년 4월 19일 제303-2002-000014호
주소	서울시 서초구 동광로 46길 6-6 문창빌딩 2층 (우06589)
전화	02-3409-2060(편집), 2058(마케팅)
팩스	02-3409-2059
홈페이지	www.youkrackbooks.com
이메일	youkrack@hanmail.net

ISBN 979-11-6742-862-2 93700

*책값은 뒤표지에 있습니다.
*파본은 구입처에서 교환해 드립니다.